Adrian Mathys

Konzeption eines Selfservice-Angebots via Chatbot für Bankgeschäfte

Adrian Mathys

Konzeption eines Selfservice-Angebots via Chatbot für Bankgeschäfte

Lehrbuchverlag

Imprint

Any brand names and product names mentioned in this book are subject to trademark, brand or patent protection and are trademarks or registered trademarks of their respective holders. The use of brand names, product names, common names, trade names, product descriptions etc. even without a particular marking in this work is in no way to be construed to mean that such names may be regarded as unrestricted in respect of trademark and brand protection legislation and could thus be used by anyone.

Cover image: www.ingimage.com

Publisher:
Der Lehrbuchverlag
is a trademark of
International Book Market Service Ltd., member of OmniScriptum Publishing Group
17 Meldrum Street, Beau Bassin 71504, Mauritius

Printed at: see last page
ISBN: 978-620-0-44428-8

Danksagung

Ein herzlicher Dank geht an Herrn Mark Chardonnens, der mich als Vertreter der Auftraggeberschaft bei der Wahl des Themas und bei der Bearbeitung der Aufgabenstellung unterstützt hat.

Ausserdem möchte ich mich bei Herrn Professor Oliver Bendel für die Betreuung meiner Bachelor Thesis als Fachdozent bedanken.

Sowohl Herr Chardonnens als auch Herr Professor Bendel leisteten mit ihren Anregungen einen wertvollen Beitrag zur Erstellung dieser Arbeit.

Management Summary

Durch die voranschreitende Digitalisierung verändern sich die Anforderungen an die Finanzbranche erheblich. Kunden haben zunehmend das Bedürfnis, Bankgeschäfte unabhängig von Ort und Zeit flexibel über das Internet zu erledigen. Um diesen Erwartungen gerecht zu werden, will die Berner Kantonalbank AG (BEKB AG), eine mittelgrosse Schweizer Universalbank, neue Wege zur Bereitstellung ihrer Produkte und Dienstleistungen in Betracht ziehen. Mit dem Chatbot widmet sich diese Arbeit einem besonders interessanten derartigen Kanal.

Als uneingeschränkt zugängliches, text- oder sprachbasiertes Dialogsystem, welches ohne menschliche Beteiligung Anfragen interpretieren und Aufgaben ausführen kann, ergeben sich für einen Chatbot zahlreiche Einsatzmöglichkeiten im Bankumfeld. Diese Bachelor Thesis hat das Ziel, im Rahmen eines umfassenden Konzepts das ganzheitliche Potential einer solchen Lösung abzuklären. Zu diesem Zweck wird basierend auf einer Analyse der bisherigen Abläufe untersucht, inwieweit verschiedene Kundenprozesse der BEKB durch einen Chatbot abgewickelt werden können. Dabei wird auch berücksichtigt, wie sinnvoll ein solches Vorhaben ist und ob die Bank die notwendigen Voraussetzungen erfüllen kann. Des Weiteren gibt eine Konkurrenzanalyse Aufschluss über den Fortschritt der Mitbewerber. Anhand der gesammelten Erkenntnisse wird schliesslich ein konzeptioneller Lösungsvorschlag mit einer Empfehlung an die BEKB erstellt.

Die durchgeführten Arbeiten lassen den Schluss zu, dass viele der von der BEKB angebotenen Bankdienstleistungen durch Chatbots abgewickelt werden können. So sind Lösungen, die über Schnittstellen zu produktiven Banksystemen verfügen und Transaktionen abwickeln können, in der Lage, automatisiert persönliche Kundendaten abzurufen und Produkte zu eröffnen oder Informationen entgegenzunehmen.

Auch die Frage nach dem Sinn einer Chatbot-basierten Umsetzung der Prozesse lässt sich grundsätzlich zu Gunsten der digitalen Assistenten beantworten. Alle bisherigen Abläufe offenbaren ineffiziente Arbeitsschritte, die sich durch eine Automatisierung eliminieren liessen. Allerdings ist damit zu rechnen, dass die Kundenakzeptanz einer komplett digitalisierten Lösung je nach Zielgruppe unterschiedlich ausfällt.

Was die grundlegenden Rahmenbedingungen für den Betrieb von Chatbots anbelangt, bestehen bei der BEKB für einfachere Systeme, die sich mit der Bereitstellung von allgemeinen Informationen befassen, keine Probleme. Bei komplexeren Einsatzszenarien mit Schnittstellen zu Banksystemen ist jedoch eine vertiefte Evaluation notwendig.

Die Konkurrenzanalyse zeigt auf, dass Chatbots bereits bei mehreren Schweizer Banken eingesetzt werden. Jedoch wird das technologische Potential der Systeme nur in geringem Ausmass ausgeschöpft: Während nur eines der berücksichtigten Systeme auf persönliche Daten zugreifen kann, ist kein einziges transaktionsfähig. Der Hauptverwendungszweck der verfügbaren Bots besteht in der Bereitstellung allgemeiner Bankinformationen.

Die Empfehlung an die BEKB ist abhängig von der erwarteten Funktionalität des einzuführenden Chatbots. Sobald diese über das Beantworten von unpersönlichen Anfragen hinausgeht, ist zwingend eine fortschrittliche, transaktionsfähige Lösung mit einer Anbindung an interne Systeme notwendig. Erst dadurch wird es möglich, die Mehrheit der Bankdienstleistungen zu automatisieren. Dies ist aber mit entsprechenden Kosten verbunden.

Inhaltsverzeichnis

Danksagung II

Management Summary III

Inhaltsverzeichnis V

1 Einleitung 1

2 Anforderungen der bestehenden Bankdienstleistungen 4

2.1 Eröffnung der Geschäftsbeziehung 4

2.2 Bedarfsabklärung 6

2.3 Eröffnung von Konten und Zusatzprodukten 8

2.4 Erstellen des Anlageprofils 12

2.5 Antragsstellung für Finanzierung 13

2.6 Weitere Dienstleistungen 17

2.6.1 Saldoabfrage 17

2.6.2 Wechselkursfragen 18

2.6.3 Adressänderung 18

3 Rahmenbedingungen und Anforderungen für einen Chatbot im Bankgeschäft 19

3.1 Generelle Rahmenbedingungen für einen Chatbot im Bankgeschäft 19

3.2 Anforderungen an einen Chatbot bei der BEKB 20

3.2.1 Analyse der funktionalen Anforderungen 20

3.2.2 Analyse der nicht funktionalen Anforderungen 24

4 Konkurrenzanalyse bezüglich Chatbot-Systemen im Bankgeschäft 29

4.1 Vorgehen bei der Analyse 29

4.1.1 Voraussetzungen zur Berücksichtigung von Chatbots 29

4.1.2 Untersuchte Eigenschaften der Chatbots 30

4.2 Analyse und Vergleich der Chatbot-Lösungen der Banken 30

4.2.1 Digitaler Assistent der PostFinance 31

4.2.2 Carl von der Bank Cler 32

4.2.3 Finanzassistent der St. Galler Kantonalbank 33

4.2.4 Virtueller Assistent der Credit Suisse 35

4.2.5 Weitere Banking Chatbots 36

4.2.6 Vergleich der verschiedenen Chatbots 39

5 Konzeptioneller Lösungsvorschlag 41

5.1 Chatbot Customer Journey für die BEKB 41

5.1.1 Pre-Service-Phase 42

5.1.2 Service-Phase 47

5.1.3 Post-Service-Phase 52

5.2 Beantwortung der initialen Fragestellungen 55

6 Fazit und Ausblick 58

Literaturverzeichnis 60

Glossar 66

Abbildungsverzeichnis 67

Tabellenverzeichnis 68

Abkürzungsverzeichnis 69

Anhang 70

1 Einleitung

Ausgangslage

Die Berner Kantonalbank AG (BEKB AG) ist eine Schweizer Universalbank und hat umfassende Banklösungen für Privatpersonen und Firmenkunden (insbesondere KMU) im Angebot. Mit 60 Niederlassungen und rund 500'000 Kundinnen und Kunden ist sie in den Kantonen Bern und Solothurn stark verankert (BEKB AG, 2019g).

In ihrer Strategie hält die BEKB fest, dass sie die Chancen der digitalen Transformation aktiv nutzen will, um Innovationen mit konkretem Kundennutzen gezielt zu fördern. Die Bank will sich in der digitalisierten Welt weiterentwickeln und den veränderten Kundenbedürfnissen gerecht werden. Dazu gehört insbesondere die Erschliessung neuartiger Kanäle zur selbständigen Abwicklung von Bankgeschäften durch Kundinnen und Kunden (BEKB AG, 2019h). Indem diese Arbeit ihr Augenmerk auf den Chatbot richtet, befasst sie sich mit einem besonders vielversprechenden solchen Kanal.

Ein Chatbot ist eine Software-Anwendung zur sprach- oder textbasierten Kommunikation zwischen einem Menschen und einer Maschine. Durch die Interpretation erhaltener Informationen versucht der Chatbot – häufig unter Einsatz von künstlicher Intelligenz – die Absicht des Gesprächspartners abzuleiten und entsprechend darauf zu reagieren. Eine Reaktion kann in Form einer Antwort erfolgen oder auch in der Ausführung einer bestimmten Aufgabe bestehen (Kusber, 2017).

Studien zeigen, dass Chatbots gerade im geschäftlichen Umfeld immer häufiger zur Anwendung kommen. Bis 2020 sollen 85 % der Beziehungen von Kunden zu Unternehmungen ohne zwischenmenschliche Interaktion stattfinden. Dieser Trend macht sich auch in der Finanzbranche mit der zunehmenden Verbreitung von virtuellen Assistenten bemerkbar (Kennedy, 2019).

Zielsetzung

Das Ziel der vorliegenden Bachelor Thesis ist die Erarbeitung eines umfassenden Konzepts zur Abwicklung der nachfolgend aufgezählten Bankgeschäfte durch einen Chatbot. Mit einer derartigen Selfservice-Lösung wäre es der BEKB möglich, ihren Kundinnen und Kunden häufig beanspruchte Bankdienstleistungen weitgehend automatisiert und ohne Beteiligung von Mitarbeitenden bereitzustellen.

Diese Bankdienstleistungen sollen in die Überlegungen miteinbezogen werden:

- Eröffnung der Geschäftsbeziehung
- Bedarfsabklärung
- Eröffnung von Konten und Zusatzprodukten
- Erstellen des Anlageprofils
- Antragsstellung für Finanzierung
- Weitere Dienstleistungen: Saldoabfragen, Wechselkursfragen, Adressänderungen

Zentrale Fragestellungen

Im Zusammenhang mit dem Thema ergeben sich für die BEKB grundlegende Fragestellungen, die durch die Bearbeitung der Bachelor Thesis weitgehend beantwortet werden sollen. Die Fragen sind nachfolgend aufgeführt.

Nr.	Fragestellung	Betreffende Kapitel
1	Inwieweit kann ein Chatbot die fachlichen Anforderungen der Bankdienstleistungen erfüllen?	2: Anforderungen der bestehenden Bankdienstleistungen 4: Konkurrenzanalyse bezüglich Chatbot-Systemen im Bankgeschäft 5: Konzeptioneller Lösungsvorschlag
2	Ist es aus prozessorientierter Betrachtung sinnvoll, die Bankdienstleistungen durch einen Chatbot zu ergänzen?	2: Anforderungen der bestehenden Bankdienstleistungen 5: Konzeptioneller Lösungsvorschlag
3	Kann die BEKB die grundlegenden Rahmenbedingungen für den Einsatz eines Chatbots erfüllen?	3: Rahmenbedingungen und Anforderungen für einen Chatbot im Bankgeschäft
4	Wie weit fortgeschritten sind die Mitbewerber, was den Einsatz von Chatbots anbelangt?	4: Konkurrenzanalyse bezüglich Chatbot-Systemen im Bankgeschäft
5	Wie lautet die Empfehlung an die BEKB bezüglich eines Einsatzes von Chatbots?	5: Konzeptioneller Lösungsvorschlag

Tabelle 1: Zentrale Fragestellungen

Abgrenzung

Die Bachelor Thesis umfasst die Erarbeitung eines Konzepts zur Realisierung eines Selfservice-Angebots durch einen Chatbot. Die Implementierung einer entsprechenden Lösung ist vom Vorhaben abzugrenzen.

Gesetzliche Datenschutzbestimmungen dürfen während der Erarbeitung der Thesis weitgehend vernachlässigt werden, um das Spektrum für den Lösungsansatz möglichst weit zu öffnen.

Aufbau und Methoden

Die Arbeit ist in vier wesentliche Teile gegliedert. In Kapitel 2 werden in einem ersten Schritt die Anforderungen sämtlicher Bankdienstleistungen dokumentiert, die nach der Festlegung in der Zielsetzung durch einen Chatbot abgewickelt werden sollen. Dafür kommt eine interne Dokumentenrecherche unter Einbezug von Prozessbeschreibungen, Weisungen und Checklisten zur Anwendung. Anschliessend befasst sich Kapitel 3 eingehend mit den Rahmenbedingungen für einen Chatbot im Bankgeschäft und den konkreten Anforderungen, welche durch die BEKB an einen Chatbot gestellt werden. Die hierfür benötigten Informationen werden über eine Internetrecherche und anhand von Besprechungen mit internen Fachexperten in Erfahrung gebracht. Bevor schliesslich in Kapitel 5 alle gesammelten Erkenntnisse für den konzeptionellen Lösungsvorschlag aufgearbeitet werden, analysiert Kapitel 4 basierend auf einer Internetrecherche verschiedene Banken-Chatbot-Systeme, die sich bereits auf dem Markt befinden.

2 Anforderungen der bestehenden Bankdienstleistungen

Dieses Kapitel analysiert den Ist-Zustand der in der Einleitung genannten Bankdienstleistungen der BEKB, die durch einen Chatbot ergänzt werden sollen. Unter Berücksichtigung interner Prozessbeschreibungen, Weisungen, Checklisten und weiterer Dokumente wird die Abwicklung sämtlicher Dienstleistungen dokumentiert. Dadurch ergeben sich die fachlichen Anforderungen an eine spätere Implementierung der Services durch einen Chatbot. Zudem wird die Grundlage zur Beurteilung der prozessualen Machbarkeit und Sinnhaftigkeit des Vorhabens geschaffen.

2.1 Eröffnung der Geschäftsbeziehung

In diesem Abschnitt wird die Eröffnung einer Geschäftsbeziehung bei persönlicher Vorsprache zwischen der BEKB und einer natürlichen Person behandelt, die steuerlich in der Schweiz ansässig ist.

Prozess 4.1.1.3

Im Zusammenhang mit der Eröffnung der Geschäftsbeziehung mit einem Privatkunden besteht bei der BEKB der **Prozess 4.1.1.3: Partner eröffnen** (Fretz, 2019). Der Ablauf wird nachfolgend beschrieben.

Schritt	Tätigkeit	Zuständigkeit
1	Kunden identifizieren	Kundenberater
2	Kundendaten erfassen	Kundenberater
3	Bonität des Kunden prüfen	Kundenberater
4	VSB-relevante Formulare erstellen	Kundenberater
5	VSB-relevante Formulare unterzeichnen	Nichtkunde
6	Kundendaten vervollständigen	Kundenberater
7	Dokumente und unterzeichnete Formulare senden	Kundenberater
8	Unterlagen an Abteilung Verarbeitung Partner (VAPA) weiterleiten	Kundenberater

Tabelle 2: Prozess 4.1.1.3: Partner eröffnen

Bei der Identifizierung von natürlichen Personen sind identifizierungsrelevante Dokumente einzuholen und zu kopieren. Kunden müssen sich in jedem Fall anhand eines Passes, einer Identitätskarte oder eines Schweizer Führerausweises identifizieren. Im Kernbankensystem IBIS werden neben grundlegenden Angaben wie Vorname, Nachname und Adresse auch die Rechtsform (z. B. natürliche Person, Einzelfirma), das Geburtsdatum, die Nationalität sowie weitere Ausweisdaten erfasst. Auf Wunsch des Kunden können zudem Vollmachten eingetragen werden.

Nach Eingabe sämtlicher relevanter Informationen wird dem Kunden sowie den Zeichnungsberechtigten ein Basisvertrag (BAV) zur Unterzeichnung vorgelegt (Ryser, 2016a). Der Basisvertrag regelt die rechtlichen Grundlagen zwischen der BEKB und dem Kunden (Zihlmann, 2017). Darin enthalten sind eine Selbstauskunft zur Abklärung der steuerlichen Ansässigkeit des Kunden sowie die Vollmachten inklusive Unterschriftenmuster.

Grundsätzlich sind bei der BEKB keine Dritten als wirtschaftlich Berechtigte (WIBE) für Vermögenswerte natürlicher Personen zugelassen. Notare und Anwälte sind zur Erfüllung ihrer beruflichen Tätigkeit von dieser Regelung ausgenommen. Die steuerliche Ansässigkeit der WIBE ist auch hierbei mit einer Selbstauskunft abzuklären (Ryser, 2016b).

Die Unterlagen (BAV, Ausweiskopie, Selbstauskunft etc.) sind nach ihrer Erstellung umgehend in physischem Format an die Abteilung LI/VAPA (Liebefeld / Verarbeitung Partner) zu senden (Ryser, 2016c).

Prozess 4.2.1.1.1

Auf diesen Prozess folgt der **Prozess 4.2.1.1.1: Unterlagen bei Partnereröffnungen bearbeiten** (Steffen, 2019). Aus Gründen der Relevanz wird dieser auszugsweise mit den wichtigsten Schritten wiedergegeben:

Schritt	Tätigkeit	Zuständigkeit
1	Komplettheit Dokumente überprüfen	VAPA
2	Korrektheit Dokumente überprüfen	VAPA
3	Erfassung Stammdaten/Partnerdaten überprüfen	VAPA
4	Pendenzen abschliessen	VAPA
5	Originaldokumente an Swisscom weiterleiten	VAPA
6	Dokumente einscannen	Swisscom
7	Basisverträge ins SignBase laden	Swisscom
8	Originaldokumente an VAPA weiterleiten	Swisscom
9	Originaldokumente archivieren	VAPA

Tabelle 3: Prozess 4.2.1.1.1: Unterlagen bei Partnereröffnungen bearbeiten

Die Eröffnungsdokumente und Kundendaten werden durch VAPA auf Vorhandensein und Korrektheit überprüft. Danach werden die Dokumente eingescannt und archiviert. Die Unterschriften werden zudem in der Anwendung SignBase abgelegt, von wo aus sie am Schalter zur Kundenidentifikation abgerufen werden können. Ist eine vollständige und korrekte Identifikation des Vertragspartners nicht möglich, werden alle Konten gesperrt. Diese Sperre kann nur durch LI/VAPA entfernt werden (Ryser, 2016c).

Prozess 4.2.1.1.2

Der mitgeltende **Prozess 4.2.1.1.2: Eröffnung Zeichnungsrechte bearbeiten** (Azizi, 2019) befasst sich vertieft mit der Kontrolle des Basisvertrags und den Unterschriften:

Schritt	Tätigkeit	Zuständigkeit
1	Basisvertrag weiterleiten	Swisscom
2	Basisvertrag auf Vollständigkeit prüfen	VAPA
3	Erfasstes Zeichnungsrecht kontrollieren	VAPA
4	Unterschriften erfassen	VAPA
5	Unterschriften freigeben	VAPA

Tabelle 4: Prozess 4.2.1.1.2: Eröffnung Zeichnungsrechte bearbeiten

Bevor der Basisvertrag freigegeben wird, muss dieser auf Vollständigkeit überprüft werden. Dabei müssen die in der Checkliste «Unterschriften, Vollmachten» (Steffen, 2011) genannten Punkte kontrolliert werden. Dazu gehören Personalien, die Art des Zeichnungsrechtes, die Beziehung des Bevollmächtigten zum Kontoinhaber und weitere Angaben.

2.2 Bedarfsabklärung

Die BEKB bietet ihren Kunden Dienstleistungen in den fünf Bereichen Zahlen, Sparen, Vorsorgen, Anlegen und Finanzieren an. Zusätzlich werden diverse digitale Services wie E-Banking oder eine mobile Applikation zur Verfügung gestellt. Damit den Kunden passende Produkte angeboten werden können, wird jeweils eine Bedarfsabklärung durchgeführt.

Prozess 4.1.1.2

Der **Prozess 4.1.1.2: Akquisitionsgespräch durchführen** (Leuenberger, 2017c) behandelt die Bedarfsabklärung im Rahmen eines Beratungsgesprächs mit einem Neukunden.

Schritt	Tätigkeit	Zuständigkeit
1	Termin vereinbaren	Kundenberater
2	Kundengespräch vorbereiten	Kundenberater
3	Kundenpotenzial eruieren, aktuelle Situation klären und Kundenprofil erstellen	Kundenberater
4	Wünsche und Erwartungen an zukünftige Bankbeziehung klären	Kundenberater
5	Beziehungsaufbau zum Kunden und Bezug zur BEKB schaffen	Kundenberater
6	Bedarf mittels Beratungskreis abklären (siehe Abbildung 1)	Kundenberater
7	Leistungsversprechen abgeben	Kundenberater
8	Hauptanliegen des Kunden mit Lösungsansätzen verknüpfen und Angebote unterbreiten	Kundenberater
9	Verkauf abschliessen und gegenseitiges Verständnis abholen	Kundenberater
10	Kundengespräch nachbearbeiten	Kundenberater
11	Service après vente durchführen	Kundenberater

Tabelle 5: Prozess 4.1.1.2: Akquisitionsgespräch durchführen

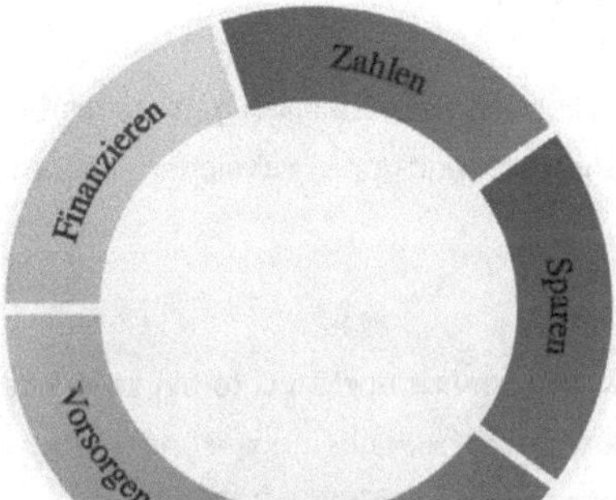

Abbildung 1: Der Beratungskreis der BEKB (BEKB AG, 2018)

In einem Beratungsgespräch mit Bedarfsabklärung wird grundsätzlich die Gesamtsituation des Kunden besprochen. Dabei wird Bezug genommen auf die im Beratungskreis (siehe Abbildung 1) enthaltenen Bereiche Zahlen, Sparen, Anlegen, Vorsorgen und Finanzieren. Die Bedürfnisse werden offen erfragt. Passend zu den aktuellen Lebensumständen des Kunden werden anschliessend Lösungen vorgeschlagen und Angebote unterbreitet. Wichtig ist dabei, dem Kunden den konkreten

Nutzen aufzuzeigen. Das zukünftige Potenzial des Kunden wird laufend vom Kundenberater dokumentiert.

Bei der BEKB werden die Privatkunden aufgrund ihrer Produktnutzung und ihres Potenzials in drei Gruppen unterteilt: *Akquisitions-*, *Entwicklungs-* und *Bindungskunden*. Ein Akquisitionskunde pflegt noch keine Geschäftsbeziehung mit der BEKB, hat aber Entwicklungspotenzial. Ein Entwicklungskunde nutzt bereits mindestens ein Produkt der BEKB. Bei ihm besteht zusätzlicher Bedarf an weiteren Angeboten in den Folgejahren. Ein Bindungskunde hingegen hat keine weiteren Bedürfnisse. Bei seiner Betreuung steht die Kundenbindung im Vordergrund.

Das Beratungsgespräch fällt je nach Kundengruppe unterschiedlich aus:

- In *Akquisitionsgesprächen* werden nach dem Aufbau der Beziehung zur BEKB Wünsche und Erwartungen an die Bankbeziehung erfragt. Zusätzlich wird die aktuelle Situation des Kunden abgeklärt und dessen gesamtheitliches Potenzial eruiert.
- *Entwicklungsgespräche* dienen dazu, die bestehende Situation zu bestätigen oder mögliche Veränderungen im Lebenszyklus des Kunden in Erfahrung zu bringen. Aufgrund dieser Informationen kann das Potenzial neu beurteilt werden.
- Auch bei *Bindungsgesprächen* werden Veränderungen abgeklärt. Hauptsächlich geht es hierbei aber darum, die Zufriedenheit des Kunden mit dem Kundenberater und der BEKB sicherzustellen, um ihn langfristig zu halten.

Nach erfolgtem Beratungsgespräch mit Produkteröffnung ist der Service après vente ein zentrales Element, um die Servicequalität sicherzustellen. Dabei sollen die Zufriedenheit des Kunden abgeklärt, allfällige Wünsche aufgenommen und Fragen beantwortet werden (BEKB AG, 2018).

2.3 Eröffnung von Konten und Zusatzprodukten

Nachdem die Geschäftsbeziehung erfolgreich eröffnet und der Bedarf des Kunden abgeklärt wurde, können Konten und Zusatzprodukte eröffnet werden. Nachfolgend werden die zugehörigen Prozesse beschrieben.

Prozess 6.1.2.1.1.1

Der grundlegende Prozess zur Eröffnung von Konten ist der **Prozess 6.1.2.1.1.1: Basisprodukt eröffnen** (Leuenberger, 2017d).

Schritt	**Tätigkeit**	**Zuständigkeit**
1	Auftrag zur Eröffnung Basisprodukt erteilen	Kunde
2	Eröffnung prüfen	Kundenberater
3	Basisprodukt eröffnen	Kundenberater
4	Eröffnungsdokumente drucken	Kundenberater
5	Eröffnungsdokumente dem Kunden aushändigen	Kundenberater

Tabelle 6: Prozess 6.1.2.1.1.1: Basisprodukt eröffnen

Zuerst erfolgt der Auftrag zur Eröffnung eines Basisprodukts durch den Kunden. Dabei kann es sich beispielsweise um ein Zahlungskonto (Privatkonto) oder ein Sparkonto handeln. Der Auftrag kann entweder aufgrund eines Beratungsgesprächs entstehen oder direkt auf Wunsch des Kunden geäussert werden. Der Kundenberater eröffnet anschliessend das gewünschte Produkt und händigt dem Kunden allfällige Eröffnungsdokumente wie ein Übersichtsblatt aus.

Prozess 6.1.2.1.2.1

Des Weiteren existieren Prozesse zur Eröffnung konkreter Zusatzprodukte. So beschreibt **Prozess 6.1.2.1.2.1: Debitkarte eröffnen** (Leuenberger, 2017e) das Vorgehen bei der Eröffnung von Debitkarten.

Schritt	**Tätigkeit**	**Zuständigkeit**
1	Debitkarte wünschen	Kunde
2	Kriterien prüfen	Kundenberater
3	Debitkarte im IBIS eröffnen	Kundenberater
4	Debitkarte personalisieren	NagraID Security
5a	Debitkarte senden	NagraID Security
5b	PIN senden	SIX

Tabelle 7: Prozess 6.1.2.1.2.1: Debitkarte eröffnen

Bei einer Debitkarte handelt es sich um eine Karte zum bargeldlosen Bezahlen, bei der die Belastung abgebuchter Beträge direkt auf dem Konto des Besitzers erfolgt. Im Gegensatz zur Kreditkarte besteht keine Möglichkeit zur monatlichen Rechnungsstellung oder zur Bezahlung im Internet.

Die BEKB bietet ihren Kunden zwei Debitkarten an: die *Maestro*- und *Kundenkarte*. Bei der Vergabe dieser Karten sind diverse Kriterien zu berücksichtigen. Grundsätzlich sind Kundenkarten für alle

Personen ab zehn Jahren geeignet. Sie können auch zu Sparkonten eröffnet werden, ermöglichen den Bargeldbezug aber ausschliesslich bei BEKB-Bankomaten. Ab 14 Jahren wird die Maestro-STUcard angeboten, mit der bis zum Alter von 26 Jahren von Rabatten profitiert werden kann. Erwachsene ab 26 Jahren erhalten die normale Maestro-Karte. Voraussetzung für die Abgabe einer Maestrokarte ist ein Zahlungskonto bei der BEKB mit regelmässigen, monatlichen Zahlungseingängen. Es erfolgt jeweils eine Bonitätsbeurteilung durch den Kundenberater. Maestrokarten haben monatliche Standardlimiten von CHF 5'000.00 bzw. 2'000.00 für Personen in Ausbildung (von Felten, 2017).

Prozess 6.1.2.1.2.2

Der **Prozess 6.1.2.1.2.2: Kredit-/Prepaid-Karte eröffnen (Privatkunden und Private Banking)** (Leuenberger, 2017f) befasst sich mit der Eröffnung von Kreditkarten.

Schritt	**Tätigkeit**	**Zuständigkeit**
1	Kredit-/Prepaidkarte wünschen	Kunde
2	Kriterien prüfen	Kundenberater
3	Kredit-/Prepaidkarten-Antrag in BITS-System erfassen	Kundenberater
4	Kredit-/Prepaidkarten-Antrag drucken	Kundenberater
5	Antrag an Kunden senden	Kundenberater
6	Kredit-/Prepaidkarten-Antrag unterzeichnen	Kunde
7	Antrag retournieren	Kunde
8	Unterschrift prüfen	Kundenberater
9	Kredit-/Prepaidkarten-Antrag an Abteilung Verarbeitung Zahlen (VAZA) senden	Kundenberater
10	Kreditkarte eröffnen	VAZA

Tabelle 8: Prozess 6.1.2.1.2.2: Kredit-/Prepaid-Karte eröffnen (Privatkunden und Private Banking)

Eine Kreditkarte stellt dem Kunden die damit getätigten Zahlungen monatlich in Rechnung. Die Belastung erfolgt normalerweise via Lastschriftverfahren (LSV). Die Kreditkarte kann auch zur Bezahlung im Internet eingesetzt werden und wird weltweit akzeptiert. Dafür ist sie oft teurer als eine Maestrokarte.

Die BEKB hat Kreditkarten von MasterCard und Visa im Angebot. Die Abgabekriterien sind strikter als bei den Maestrokarten. Kreditkarten werden ab 18 Jahren nach einer Bonitätsbeurteilung abgegeben und erfordern ebenfalls ein Zahlungskonto mit regelmässigen Eingängen bei der BEKB. Sie haben eine monatliche Standardlimite von CHF 5'000.00 bzw. 1'500.00 für Personen in Ausbildung. Zudem sollte die Limite höchstens halb so hoch wie die monatlichen Eingänge sein.

Erfüllt der Kunde die genannten Bedingungen, muss er einen Kreditkartenantrag unterzeichnen. Nach der Prüfung der Unterschrift wird die Kreditkarte eröffnet und dem Kunden zugestellt (Infanger, 2018; von Felten, 2017).

Prozess 6.1.2.1.4.1

Die Eröffnung des Zusatzproduktes Tresorfach wird im **Prozess 6.1.2.1.4.1: Tresorfach eröffnen** (Leuenberger, 2017g) erläutert (gekürzt):

Schritt	Tätigkeit	Zuständigkeit
1	Interessiert sich für eine Tresorfachmiete	Kunde
2	Angebot vorstellen	Kundenberater
3	Entscheidet sich für Tresortypen bzw. Tresorfach	Kunde
4	VSB und Belastungskonto vorhanden?	Kundenberater
5	Tresorfach als Zusatzprodukt eröffnen	Kundenberater
6	Mietvertrag drucken	Kundenberater
7	Mietvertrag unterzeichnen	Kunde
8	Tresorfachschlüssel und allenfalls Zusatzkarten übergeben	Kundenberater
9	Besucherkontrolle erfassen	Kundenberater
10	Evtl. Kunden in Tresorraum begleiten	Kundenberater
11	Tresorfach füllen	Kunde
12	Mietvertrag DZVZ zustellen	Kundenberater
13	Mietvertrag scannen	DZVZ

Tabelle 9: Prozess 6.1.2.1.4.1: Tresorfach eröffnen

Zum Aufbewahren persönlicher Wertgegenstände bietet die BEKB ihren Kunden Schliessfächer an. Das Angebot an Fächern variiert je nach Niederlassung in Umfang und Gebühren. Damit ein Schliessfach eröffnet werden kann, muss eine Geschäftsbeziehung bestehen bzw. eröffnet werden (siehe Abschnitt 2.1). Zudem ist ein Belastungskonto für die anfallenden Gebühren auszuwählen oder zu eröffnen. Der Kunde kann bei Bedarf separate Vollmachten für den Safezugang erfassen (Lüthi, 2012).

Die Grundlage für die Vermietung von Schrankfächern bildet der vom Kunden zu unterzeichnende Mietvertrag. Darin sind die folgenden Angaben enthalten: Parteien, Mietdauer, Mietgebühr, Anzahl abgegebener Schlüssel, allfällige Zutrittskarten. Der Kunde kann sich mit der Zutrittskarte und dem Schlüssel selbständig Zugang zu seinem Schliessfach verschaffen. Die Besuche werden jeweils elektronisch protokolliert (Short Corradi, 2014).

2.4 Erstellen des Anlageprofils

Wenn ein Privatkunde Anlagen tätigen möchte und nicht ausdrücklich auf jegliche Anlageberatung durch die BEKB verzichtet (Execution-only), ist zwingend ein Anlageprofil zu erstellen und eine Anlagestrategie zu definieren (Gmür, 2018).

Prozess 7.1.1.1

Das Anlageprofil wird im Rahmen des **Prozesses 7.1.1.1: Anlageberatung durchführen** (Leuenberger, 2018) ausgefüllt:

Schritt	Tätigkeit	Zuständigkeit
1	Kundengesprächstermin vereinbaren	Kundenberater / Kunde
2	Kundengespräch vorbereiten	Kundenberater
3	Kundengespräch durchführen (Anlageprofil ausfüllen)	Kundenberater
4	Kundengespräch nachbearbeiten	Kundenberater

Tabelle 10: Prozess 7.1.1.1: Anlageberatung durchführen

Bevor ein Kunde Wertschriften erwerben kann, muss ein Depot eröffnet werden. Dabei erfolgt eine standardmässige Risikoaufklärung. Wünscht der Kunde eine Vermögensberatung oder -verwaltung als Zusammenarbeitsform, ist ein Anlageprofil auszufüllen. Das Anlageprofil gibt Auskunft über den Anlagehorizont, die Risikofähigkeit und Risikobereitschaft sowie die Erfahrungen des Kunden mit Anlageinstrumenten. Es muss zwingend vom Kunden unterzeichnet werden und ist alle fünf Jahre zu überprüfen. Werden zudem dem Kunden gegenüber Empfehlungen zum Kauf von Kollektivanlagen (Anlagefonds) gemacht, müssen diese aufgrund des Kollektivanlagengesetzes (KAG) protokolliert werden.

Ein wesentlicher Bestandteil des Anlageprofils ist die Ermittlung der Anlagestrategie. Diese ergibt sich durch die Auswertung der vom Kunden beantworteten Fragen im Fragebogen Anlageprofil (siehe Anhang A; S. 70).

Entgegen dem Ergebnis kann der Kunde auch eine andere Anlagestrategie wählen. Insgesamt gibt es fünf Anlagestrategien (siehe Abbildung 2). Je höher der Aktienanteil, desto höher die potentielle Rendite – jedoch steigt damit auch das Risiko (Gmür, 2017; Gmür, 2018).

	Erde	Wasser	Luft	Energie	Feuer
Durchschnittlicher Aktienanteil	0%	20%	40%	60%	89%
Maximaler Aktienanteil	0%	31%	54%	80%	100%

Abbildung 2: Die fünf verschiedenen Anlagestrategien der BEKB

2.5 Antragsstellung für Finanzierung

Wenn ein Kunde Wohneigentum erwerben möchte, ist er oftmals auf eine Finanzierung (Hypothek) angewiesen. Im Folgenden werden die bestehenden Prozesse erläutert, um bei der BEKB eine Eigenheimfinanzierung abzuschliessen.

Prozess 5.1.1.1

Der **Prozess 5.1.1.1: Eigenheimfinanzierung beraten** (Leuenberger, 2017a) behandelt das Vorgehen bei der Finanzierung von Wohneigentum. Hierbei geht es insbesondere um die Beratungstätigkeit durch den Kundenberater.

Schritt	Tätigkeit	Zuständigkeit
1	Kunde kontaktiert Bank	Kunde
2	Terminvereinbarung für Kundenberater in Niederlassung	Abteilung Marktgebiet Kundencenter (MGKC)
3	Kunde will ein Eigenheim erwerben	Kunde
4	Kunde liefert Unterlagen gemäss Checkliste	Kunde
5	Kunden beraten	Kundenberater
6	Kundenberater prüft Geschäft	Kundenberater

Tabelle 11: Prozess 5.1.1.1: Eigenheimfinanzierung beraten

Damit der Kunde einen Antrag für eine Eigenheimfinanzierung stellen kann, muss er Unterlagen zu seiner Person und zu der betreffenden Liegenschaft beziehungsweise zum Neubau einreichen.

Zu den persönlichen Unterlagen gehören ein aktueller Lohnausweis, die Steuererklärung und ein Leistungsausweis der Pensionskasse. Bei selbständiger Erwerbstätigkeit wird ein Jahresabschluss der letzten drei Jahre sowie eine Übersicht der Vorsorgesituation benötigt.

Soll eine bestehende Liegenschaft erworben werden, verlangt die BEKB einen aktuellen Grundbuchauszug, einen Kaufvertrag beziehungsweise Kaufvertragsentwurf, einen Situationsplan, Liegenschaftsfotos sowie einen Gebäudeversicherungsausweis. Falls vorhanden sind zudem ein Baurechtsvertrag, ein Grundrissplan, ein Baubeschrieb, eine Verkaufsdokumentation und eine Liegenschaftsschatzung beizulegen. Bei Neubauten genügen ein Bauplan, ein Kostenvoranschlag, kubische Berechnungen, Baubewilligungen, ein Baubeschrieb und eine Kopie des Generalunternehmervertrages (falls vorhanden).

Wenn es sich um Stockwerkeigentum handelt, sind ein Plan der Stockwerkeinheit mit Nettowohnfläche und Nebenräumen, eine Begründungsurkunde sowie ein Benützungsreglement erforderlich. Bei einem Mehrfamilienhaus muss ein aktueller Mieterspiegel eingereicht werden (BEKB, 2019a).

Prozess 5.1.2.1

Für die Prüfung und Bewilligung einer Finanzierung besteht der separate **Prozess 5.1.2.1: Neue Finanzierung abschliessen** (Leuenberger, 2017b).

Schritt	**Tätigkeit**	**Zuständigkeit**
1	Antrag Finanzierungsgesuch prüfen	Kundenberater
2	Antrag Finanzierungsgesuch bewilligen	Kundenberater
3	Offerte erstellen/abgeben	Kundenberater
4	Offerte annehmen	Kunde
5	Auftrag Neugeschäft erfassen	Kundenberater
6	Auftrag an Kreditverarbeitung übergeben	Kundenberater

Tabelle 12: Prozess 5.1.2.1: Neue Finanzierung abschliessen

Nachdem der Kunde alle erforderlichen Unterlagen eingereicht hat, prüft der Kundenberater das Finanzierungsgesuch. Dabei führt er insbesondere eine Tragbarkeitsberechnung durch. Damit wird ermittelt, ob die Liegenschaft unter Berücksichtigung sämtlicher Kosten für den Kunden finanziell tragbar ist.

Finanzierung	Beispiel
Kaufpreis, 100%	650000
Eigenkapital, mind. 20%	130000
1. Hypothek, max. 67%	435000
2. Hypothek, max. 13%	85000

Wohnkosten	Beispiel
Kalkulatorische Zinsen 1. Hypothek à 5%	21 750
Kalkulatorische Zinsen 2. Hypothek à 5%	4250
Amortisation über 15 Jahre	5667
Nebenkosten à 1% des Kaufpreises	6500
Total Belastung pro Jahr	38167
Total Belastung pro Monat	**3181**

Tragbarkeit	Beispiel
Verfügbares Einkommen pro Monat Bruttoeinkommen abzüglich wiederkehrende Verpflichtungen	10000
Wohnbelastung pro Monat	**3181**
Kalkulatorische Tragbarkeit	32%

Tabelle 13: Tragbarkeitsberechnung anhand eines Beispiels (BEKB, 2019b)

Tabelle 13 zeigt die Tragbarkeitsberechnung bei der BEKB anhand eines Beispiels. Mindestens 20 % des Kaufpreises muss der Kunde mit Eigenmitteln beisteuern. Der zu finanzierende Restbetrag (maximal 80 % des Kaufpreises) wird in eine Erste Hypothek (maximal 67 %) und eine Zweite Hypothek (maximal 13 %) aufgeteilt.

Zur Berechnung der jährlichen Wohnkosten werden einerseits kalkulatorische Zinsen von jeweils 5 % auf den beiden Hypotheken angewendet, um allfälligen zukünftigen Zinsentwicklungen Rechnung zu tragen. Andererseits werden Amortisationskosten berücksichtigt. Diese ergeben sich durch die bankinterne Vorgabe, wonach die Zweite Hypothek innerhalb von 15 Jahren amortisiert werden muss. Ausserdem werden Nebenkosten von 1 % des Kaufpreises angenommen (BEKB, 2019b; Schmid, 2018).

Eine Finanzierung ist schliesslich dann tragbar, wenn die summierte Belastung durch die Wohnkosten maximal 35 % des Bruttoeinkommens des Kunden beträgt (Schmid, 2018). Ist dies der Fall, kann dem Kunden eine Finanzierungsofferte unterbreitet werden (siehe Abbildung 3). In der Finanzierungsofferte werden dem Kunden verschiedene Möglichkeiten der Finanzierung vorgeschlagen. So kann zwischen unterschiedlichen Varianten zur Aufteilung des Finanzierungsbetrags mit jeweils abweichenden Laufzeiten und Zinssätzen gewählt werden. Ebenfalls wird für jede Variante ein Kostenvergleich dargestellt (BEKB, 2019c).

Finanzierungsvarianten

Variante 1	Laufzeit	CHF	Zinssatz
Festzinshypothek 5 Jahre	01.03.2018 - 28.02.2023	400'000	1.25%
Festzinshypothek 8 Jahre	01.03.2018 - 28.02.2026	200'000	1.50%

Variante 2	Laufzeit	CHF	Zinssatz
Festzinshypothek 2 Jahre	01.03.2018 - 28.02.2020	400'000	1.10%
Festzinshypothek 4 Jahre	01.03.2018 - 28.02.2022	200'000	1.20%

Variante 3	Laufzeit	CHF	Zinssatz
Festzinshypothek 10 Jahre	01.03.2018 - 28.02.2028	600'000	1.65%

Kostenvergleich (in CHF)	Variante 1	Variante 2	Variante 3
Hypotheken			
Zinsen	8'000	6'800	9'900
Amortisation	4'270	4'270	4'270
Nebenkosten	8'000	8'000	8'000
Belastung pro Jahr	**20'270**	**19'070**	**22'170**
Belastung pro Monat	**1'689**	**1'589**	**1'848**
Tragbarkeit	**18%**	**17%**	**20%**

Abbildung 3: Beispiel einer Finanzierungsofferte (BEKB, 2019c)

Prozess 5.2.1.1

Der nachfolgende **Prozess 5.2.1.1: Neue Finanzierung verarbeiten (Privatkunden)** (Leuenberger, 2017h) behandelt die gesamte Abwicklung der Finanzierung im Hintergrund. Genauere Informationen zu den einzelnen Schritten sind im Kredithandbuch der BEKB beschrieben (BEKB, 2019d).

Schritt	**Tätigkeit**	**Zuständigkeit**
1	Eingangskontrolle durchführen	KOES
2	Vertragsdokumente und Vorlagepaket erstellen	KVNE
3	Vertragsdokumente unterzeichnen	KVNE
4	Dokumente an Kundenberater senden	KVNE
5	Vorlagepaket bewilligen lassen	Kundenberater
6	Dokumente an Kunden senden und Vorlagepaket an KVNE retournieren	Kundenberater
7	Dokumente unterzeichnen	Kunde
8	Dokumente an BEKB zurücksenden	Kunde
9	Bewilligung und Vollständigkeit der Vertragsdokumente prüfen	KVNE
10	Vorlagepaket scannen	KVNE
11	Sicherheiten einfordern	KVNE

12	Sicherheiten oder Einlieferungsverpflichtung an BEKB senden	Drittbank/Notar
13	Auszahlungsprüfung durchführen	KVNE
14	Auszahlung erfassen	KVNE
15	Kreditdossier an Abteilung KVSR zum Scanning weiterleiten	KVNE
16	Kreditdossier zum Scanning aufbereiten	KVSR
17	Dokumente zum Scanning an Swisscom senden	KVSR
18	Dokumente archivieren	Swisscom (SITS)
19	Vergütungsaufträge an LI/VAZA weiterleiten	KVNE
20	Auszahlung prüfen	KVNE
21	Aktenschlussprüfung durchführen	KOES
22	Schuldbriefe an Grundbuchamt zur Gläubigeranmeldung senden	KVSR
23	Grundpfandgläubiger eintragen	Grundbuchamt
24	Schuldbrief an KVSR zurücksenden	Grundbuchamt
25	Schuldbriefe an Archiv senden	KVSR
26	Schuldbriefe archivieren	Swisscom (SITS)

Tabelle 14: Prozess 5.2.1.1: Neue Finanzierung verarbeiten (Privatkunden)

2.6 Weitere Dienstleistungen

Neben den in den vorigen Abschnitten beschriebenen Bankdienstleistungen, die von grosser Bedeutung für die BEKB sind, gibt es eine Vielzahl kaum wertschöpfungsrelevanter Dienstleistungen, die für bestehende Kunden erbracht werden. Diese sind oft administrativer oder informativer Natur. Untenstehend werden drei derartige Beispiele genannt.

2.6.1 Saldoabfrage

Kunden wenden sich oft mit dem Bedürfnis nach Auskunft über ihren Kontostand oder bestimmte Kontobewegungen an die BEKB. Um diesem nachzukommen, muss der Anfragende in einem ersten Schritt identifiziert werden. Die Identifikation erfolgt entweder anhand eines amtlichen Ausweises oder durch Angabe von Partnerdaten wie Adresse, Telefonnummer oder E-Mail-Adresse. Anschliessend prüft der Kundenberater, ob der Kunde über eine Vollmacht auf dem betreffenden Konto verfügt. Erst danach darf der Kunde über Kontenstände und -bewegungen informiert werden.

Saldoanfragen sind immer auch als Verkaufschance für weitere Bankprodukte zu betrachten. Kunden, die sich nach ihrem Kontostand erkundigen, werden konsequent auf Dienstleistungen wie E-

Banking oder die BEKB-App aufmerksam gemacht, anhand welcher sie sich selber informieren können (Moser, 2016).

2.6.2 Wechselkursfragen

Wenn Kunden Fremdwährungen benötigen oder vorhandene Bestände wechseln wollen, interessieren sie sich häufig für Wechselkurse. Dieses rein informative Bedürfnis wird durch den Kundenberater befriedigt, indem er sich im Intranet erkundigt. Dabei sind Ankaufs-, Verkaufs-, Noten- und Devisenkurse zu unterscheiden.

2.6.3 Adressänderung

Kunden können die BEKB entweder via Telefon, E-Mail, Brief, E-Banking-Kontaktformular oder persönliche Vorsprache über eine geänderte Adresse informieren. Nach einer je nach Kontaktweg angemessenen Form der Identifikation wird die neue Adresse in der Anwendung IBIS erfasst. Dabei ist das Verfallsdatum der bisherigen Adresse einzutragen. Auch allfällige Nebenadressen müssen bereinigt werden. Zudem muss geprüft werden, ob die Adresse auch bei allfälligen Familienmitgliedern geändert werden soll. Falls der Kunde über eine Kreditkarte verfügt, muss die neue Adresse ausserdem an den Kreditkartenanbieter Viseca weitergeleitet werden (Moser, 2017).

3 Rahmenbedingungen und Anforderungen für einen Chatbot im Bankgeschäft

Dieses Kapitel behandelt die Analyse der Rahmenbedingungen und Anforderungen für einen Chatbot mit der Fähigkeit, Bankdienstleistungen abzuwickeln. Anhand externer Fachliteratur werden in einem ersten Schritt die grundlegenden Voraussetzungen für den Einsatz eines Chatbots im Bankgeschäft erarbeitet. Anschliessend werden unter Einbezug von internen Fachexperten die konkreten geschäftlichen und technischen Anforderungen definiert. Die Ergebnisse der Analyse dienen schliesslich der Beurteilung der Machbarkeit einer Chatbot-Einführung.

3.1 Generelle Rahmenbedingungen für einen Chatbot im Bankgeschäft

Während Chatbots bereits seit längerer Zeit in verschiedenen Branchen in der Kundenkommunikation eingesetzt werden, hielt sich deren Verbreitung im Bankgeschäft bisher noch zurück. Nun zeigen Studien, dass Kunden zunehmend bereit sind, sich zu Gunsten der Bequemlichkeit auch im Finanzbereich neuen Technologien zuzuwenden. Insbesondere bei weniger komplexen Produkten und Dienstleistungen wünschen sich Konsumenten ein höheres Mass an Digitalisierung von Finanzinstituten. Dafür müssen aber gewisse Voraussetzungen geschaffen werden.

Bis anhin vermittelten die Banken ihren Kunden mittels physischer Vorkehrungen wie Tresortüren oder Glasscheiben ein Gefühl der Sicherheit. Mit dem Übergang zu digitalen Lösungen muss dieses Gefühl mit intelligentem Design nachgebildet werden. Ein Chatbot muss dem Kunden ähnliche Signale senden, wie er sie sich vom Bankschalter gewohnt ist. Ein Beispiel dafür ist ein gründlicher Authentifikationsprozess. Um das Vertrauen des Kunden zu gewinnen, kann der Chatbot zudem humanisiert werden. Ein Chatbot mit einem Namen, einer eigenen Persönlichkeit oder gar Emotionen wirkt gleich viel menschlicher (Letheren & Dootson, 2017).

Doch auch wenn dem Sicherheitsaspekt genügend Rechnung getragen wird, ist nicht automatisch mit hohen Benutzerzahlen zu rechnen. Ist das Vertrauen in den Chatbot vorhanden, wird der Kunde ihn dennoch nur dann verwenden, wenn er ihm einen Mehrwert gegenüber den bisherigen Angeboten bietet. Und auch dann nur, wenn es nicht zu umständlich ist, davon Gebrauch zu machen. Es ist daher essenziell, eine sogenannte *Customer Engagement Strategie* zu erstellen. Darin müssen Massnahmen festgelegt werden, wie der Kundenkontakt über den Chatbot gefördert werden kann.

Grundsätzlich sollte sich der Chatbot über einen Kanal verwenden lassen, den der Kunde bereits kennt. Eine Integration in die bestehende, weit verbreitete E-Banking-Anwendung ist sinnvoller als das Bewerben einer neuen, separaten App.

Anschliessend muss darüber nachgedacht werden, wie der Chatbot für den Kunden einen Mehrwert generieren kann. Gut strukturierte, immer gleich ablaufende Prozesse können relativ einfach mit regelbasierter Programmlogik abgedeckt werden. In Verbindung mit Künstlicher Intelligenz (KI) und Machine Learning (ML) ergeben sich aber deutlich weitreichendere Einsatzmöglichkeiten. So ist beispielsweise denkbar, dass der Chatbot nicht nur reaktiv auf Kundenanfragen antwortet, sondern auch proaktiv eine Unterhaltung initiiert. Ein optimaler Zeitpunkt dafür könnte von der KI basierend auf dem Nutzerverhalten ermittelt werden. Aufgrund persönlicher Erwartungen und Präferenzen kann der Chatbot den Kunden kennenlernen und ihm massgeschneiderte Produkte empfehlen oder Auskunft geben (Kusber, 2017).

3.2 Anforderungen an einen Chatbot bei der BEKB

In diesem Abschnitt werden die konkreten Anforderungen definiert, die die BEKB an einen Chatbot stellt. Sie bilden die fachliche und technische Grundlage für die zu realisierende Lösung. Die Anforderungen werden in *funktionale* und *nicht funktionale* Anforderungen unterteilt.

3.2.1 Analyse der funktionalen Anforderungen

Die funktionalen Anforderungen legen fest, welche Funktionalitäten das System abdecken soll. Dabei handelt es sich um geschäftliche Anforderungen aus der Anwender- bzw. Prozesssicht.

Für die Erhebung der funktionalen Anforderungen wurden zwei Parteien innerhalb der BEKB berücksichtigt. Einerseits handelte es sich dabei um Teilnehmende eines Zukunfts-Workshops, andererseits um Beteiligte eines bereits umgesetzten Chatbot-Projekts. Die resultierenden Anforderungen werden nachfolgend beschrieben.

Erkenntnisse aus dem Workshop «Next Generation Lab»

Im Juni 2019 haben Vertreter der BEKB am Workshop «Next Generation Lab» teilgenommen, in dessen Rahmen diskutiert wurde, wie das Banking der Zukunft aussehen könnte. Dabei nahm das Konzept eines smarten, digitalen Assistenten einen hohen Stellenwert ein. Dieses ist weitgehend vergleichbar mit einem Chatbot, wie ihn diese Arbeit vorsieht. Daher erlauben die Erkenntnisse aus dem Workshop eine Ableitung von funktionalen Anforderungen für das Selfservice-Konzept der BEKB.

Aus den Ergebnissen des Workshops ergeben sich die folgenden Anforderungen an die Funktionalität eines digitalen Assistenten bei der BEKB (BEKB AG, 2019e; BEKB AG, 2019f; N. Heim, persönliche Kommunikation, 1. Juli, 2019).

ID	Titel	Beschreibung
1	Bedienbarkeit	Der Chatbot soll in eine mobile Applikation integriert werden (z. B. in die bereits bestehende BEKB-App) und via Internet darüber zugänglich sein. Er soll Text- und Spracheingaben entgegennehmen.
2	Anpassbarkeit	Der Benutzer soll den genutzten Funktionsumfang entsprechend der eigenen Bedürfnisse anpassen können (z. B. Benachrichtigungen deaktivieren).
3	Leisten von Kundensupport	Der Chatbot muss dem Kunden Fragen zu den von ihm genutzten Produkten und Dienstleistungen beantworten. Dazu gehören Anliegen in sämtlichen Bankbereichen (Zahlen, Sparen, Anlegen, Finanzieren und Vorsorgen). Er muss in der Lage sein, auf benutzerspezifische Anfragen zu reagieren (z. B. Kontobewegungen abrufen, Status von hängigen Bestellprozessen nachverfolgen).
4	Bereitstellen von Informationen	Der Chatbot muss dem Kunden allgemeine Fragen zur Bank und zu ihren Angeboten beantworten (z. B. Was ist ein Sparen 3 Konto?). Er muss in der Lage sein, verschiedene Angebote und Dienstleistungen zu vergleichen und detaillierte Informationen zu Preisen und Konditionen bereitzustellen.
5	Eröffnen von Produkten und Buchen von Dienstleistungen	Der Chatbot muss es dem Kunden ermöglichen, Produkte zu eröffnen (z. B. Kreditkarte, Konto) und Dienstleistungen (z. B. persönliches Beratungsgespräch in einer Niederlassung) in Anspruch zu nehmen.
6	Erfassen und Abrufen von Dokumenten	Der Chatbot muss Dokumente (z. B. Einzahlungsschein) erfassen (z. B. scannen, generieren) und zur Weiterverarbeitung bereitstellen können. Zudem muss er vorhandene Kundendokumente (z. B. Kontoauszug) abrufen und zur Verfügung stellen können.
7	Proaktives Engagement	Der Chatbot soll proaktiv auf den Benutzer zugehen. Dazu kann er beispielsweise in den folgenden Fällen aktiv werden (z. B. via Push-Nachricht): o Benutzerspezifisches Feedback: Dem Kunden aufgrund seines Nutzungsverhaltens Optimierungsvorschläge und konkrete Angebote unterbreiten. Dazu können bestimmte Ereignisse (Trigger) definiert werden (z. B. zahlreiche teure Barbezüge im Ausland → Empfehlung zur Eröffnung einer Kreditkarte). o Allgemeine Hinweise: Informationen zu neuen oder geänderten Produkten und Dienstleistungen sowie generelle Hinweise anzeigen.

Tabelle 15: Funktionale Anforderungen[1] der BEKB an einen Chatbot (basierend auf dem Workshop «Next Generation Lab»)

[1] Obwohl einige der genannten Anforderungen eher nicht funktionaler Art zu sein scheinen, werden sie aufgrund ihrer weitreichenden Implikationen auf die Funktionalität des Systems dennoch unter den funktionalen Anforderungen gelistet.

Erfahrungen aufgrund der Implementation des Chatbots Emma

Mit der Aufschaltung des Chatbots Emma im Sommer 2018 hat die BEKB bereits erste Erfahrungen mit digitalen Assistenten in der Kundenkommunikation gesammelt. Unter https://emma.bekb.ch unterstützt Emma junge Kunden bei der Auswahl neuer Bankprodukte nach Ausbildungsende oder beim Eintritt in das Erwachsenensegment, wenn ihr Anspruch auf Sonderkonditionen entfällt.

Nachdem die jährlich rund 3'000 Jugendlichen per Post auf das veränderte Produkteangebot und den sich damit ergebenden Handlungsbedarf hingewiesen wurden, können sie direkt über Emma eine Rückmeldung an die BEKB übermitteln. Darin kann die Eröffnung neuer oder die Umwandlung bestehender Konten in Auftrag gegeben werden (siehe Abbildung 4). Ausserdem besteht die Möglichkeit, die Bank über eine verlängerte Ausbildungszeit zu informieren oder einen Kundenberater um einen Rückruf zu bitten.

Früher kam es oft vor, dass Rückmeldungen über beendete Ausbildungsverhältnisse die BEKB nicht erreichten und einzeln nachgefasst werden mussten. Nun macht Emma ein Telefongespräch oder eine persönliche Beratung in vielen Fällen überflüssig und automatisiert den Prozess weitgehend (Y. Santschi, persönliche Kommunikation, 12. Juli, 2019; Berger & Sallin, 2018; Schüpbach & Berger, 2018).

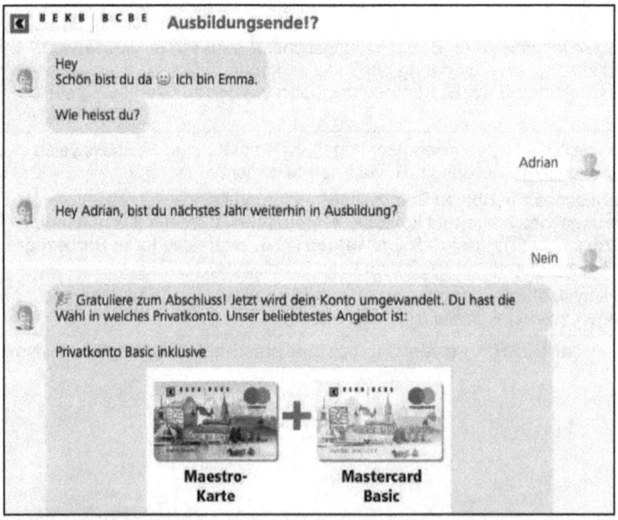

Abbildung 4: Der Chatbot Emma berät einen Kunden nach Ausbildungsende

Die funktionsbezogenen Anforderungen an Emma sind in hohem Masse anwendbar auf die in dieser Arbeit erdachte Lösung. Basierend auf Dokumenten von Emmas Entwickler, der GARAIO AG, ergibt sich nach einer Generalisierung die folgende Anforderungsspezifikation für ein Chatbot-System zur Abwicklung einer breiten Auswahl an Bankgeschäften (Berger & Sallin, 2018; Schüpbach & Berger, 2018).

ID	Titel	Beschreibung
1	Zugänglichkeit	Der Chatbot soll jederzeit und ortsunabhängig über die gängigen Webbrowser zugänglich sein und auf einer Vielzahl von Endgeräten optimal dargestellt werden (Responsive Design). Er soll in den Sprachen Deutsch und Französisch zur Verfügung stehen.
2	Umsetzung mithilfe von Programmlogik	Der Chatbot soll zunächst ausschliesslich auf regelbasierter Programmlogik beruhen und auf die Implementation von künstlicher Intelligenz verzichten.
3	Bedienbarkeit	Der Chatbot muss Daten per Texteingabe entgegennehmen. Stellt der Chatbot dem Benutzer eine Frage, muss diese so spezifisch und atomar wie möglich formuliert werden. Die Beantwortung soll, sofern möglich, durch vorgegebene Antwortmöglichkeiten erleichtert werden.
4	Zielgruppengerechtes Kommunizieren	Der Chatbot muss optimal auf den Dialog mit der entsprechenden Zielgruppe ausgerichtet sein. Soll der Chatbot beispielsweise mit Jugendlichen in Kontakt treten, kann er die Persönlichkeit einer jungen Frau annehmen und auf Augenhöhe per Du kommunizieren. Ältere Personen sollten stattdessen eher mit dem Nachnamen und einer gepflegteren Sprache angesprochen werden.
5	Identifizieren von Kunden	Der Chatbot kann identifikationsrelevante Kundendaten erfragen (z. B. Namen, Geburtsdatum, Adresse, Telefonnummer etc.). Für gewisse Aktionen mag diese Form der Identifikation bereits ausreichen.
6	Entgegennehmen von Kundenangaben	Der Chatbot muss in der Lage sein, Kundenangaben entgegenzunehmen und der Bank in einer angemessenen Form zur Weiterverarbeitung oder Speicherung zur Verfügung zu stellen.
7	Abklären des Kundenbedarfs	Der Chatbot soll den Prozess der Bedarfsabklärung abwickeln. Durch gezielte Fragestellungen soll er die Bedürfnisse des Kunden ermitteln und dokumentieren.
8	Bereitstellen von Informationen	Der Chatbot muss dem Kunden detaillierte Informationen zur BEKB und zu ihren Angeboten bereitstellen können. Dazu sollen Texte, Bilder und auch Links auf weiterführende Dokumente oder Webseiten verwendet werden. Ausserdem sollen unterschiedliche Angebote anhand ihrer Konditionen verglichen werden können.
9	Durchführen von Abschlussversuchen	Der Chatbot soll den Kunden bei der Entscheidung für ein bestimmtes Angebot unterstützen. Er soll aktiv versuchen, geeignete Produkte oder Dienstleistungen zu verkaufen.
10	Entgegennehmen von Abschlussentscheiden	Der Chatbot muss es dem Kunden ermöglichen, direkt aus dem Chat heraus ein Produkt zu eröffnen (bzw. zu mutieren) oder eine Dienstleistung zu buchen. Die entsprechenden Angaben müssen entgegengenommen und in einer geeigneten Form an die BEKB übermittelt werden.
11	Versenden von E-Mails	Der Chatbot muss in der Lage sein, E-Mails mit Informationen über den Chatverlauf zu versenden.

Tabelle 16: Funktionale Anforderungen[2] der BEKB an einen Chatbot (basierend auf dem Chatbot Emma)

[2] Obwohl einige der genannten Anforderungen eher nicht funktionaler Art zu sein scheinen, werden sie aufgrund ihrer weitreichenden Implikationen auf die Funktionalität des Systems dennoch unter den funktionalen Anforderungen gelistet.

3.2.2 Analyse der nicht funktionalen Anforderungen

Die nicht funktionalen Anforderungen umfassen Eigenschaften, welche das System aufweisen soll. Dazu gehören insbesondere technische Qualitäts- und Leistungsanforderungen. Sie befassen sich nicht mit der eigentlichen Funktionalität des Systems, sondern mit dessen Design, Implementation und Betrieb.

Konzeptioneller Chatbot-Systemaufbau

Abbildung 5 zeigt einen möglichen Systemaufbau zur Abwicklung der in Kapitel 2 genannten Bankdienstleistungen mithilfe eines Chatbots (M. Chardonnens, persönliche Kommunikation, 1. Juli, 2019). Für die Modellierung wurde eine bei der BEKB gängige Notation verwendet.

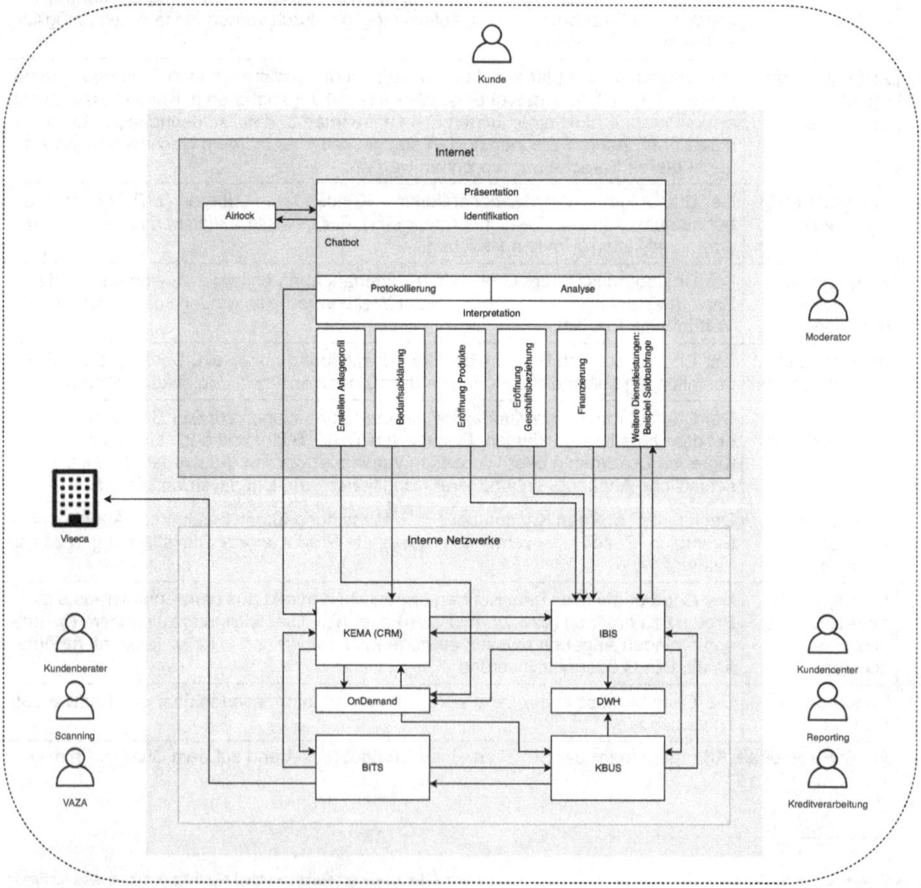

Abbildung 5: Konzeptioneller Chatbot-Systemaufbau

Die Modellierung erfolgte bewusst auf einer hohen Abstraktionsebene, um einen groben Überblick über das gesamte System zu verschaffen. Dieses besteht aus verschiedenen Teilbereichen. Die Systemgrenze ist durch eine graue Fläche gekennzeichnet und umfasst das Internet (roter Bereich) sowie bankinterne Netzwerke (gelber Bereich). Während die einzelnen Teilblöcke des Chatbots über das Internet kommunizieren, stehen die Systeme der BEKB über interne Netzwerke in Verbindung. Ausserhalb der Systemgrenze sind Akteure (Rollen oder Abteilungen) sowie externe Beteiligte angesiedelt.

Die Übergänge zwischen den einzelnen Chatbot-Teilblöcken, Bankprozessen, internen Systemen sowie Externen sind durch Pfeile dargestellt. Auf eine detaillierte Ausarbeitung der Schnittstellen wurde aufgrund der konzeptionellen Natur der Darstellung verzichtet. Je nach Prozess sind unterschiedliche Akteure beteiligt, die zugunsten der Übersichtlichkeit in der Grafik leidglich namentlich genannt sowie räumlich passend angeordnet wurden. Die einzelnen Akteure haben die folgenden Aufgaben:

- **Kunde**: Der Kunde tritt als Kommunikationspartner mit dem Chatbot in Verbindung. Er stellt Fragen an den Chatbot und übermittelt im Gegenzug Informationen an ihn.
- **Moderator:** Der Moderator kann Einfluss auf die Funktionsweise des Chatbots nehmen.
- **Kundenberater:** Der Kundenberater berät den Kunden persönlich in Bankfragen.
- **Scanning:** Die Abteilung Scanning ist verantwortlich für das digitale Archivieren von Dokumenten.
- **VAZA:** Die Abteilung VAZA ist zuständig für die Verarbeitung des Zahlungsverkehrs.
- **Kundencenter:** Das Kundencenter befasst sich mit der telefonischen Kundenberatung.
- **Reporting:** Das Reporting ist das Berichtswesen der BEKB.
- **Kreditverarbeitung:** Die Kreditverarbeitung kümmert sich um die Abwicklung von Krediten und Hypotheken.

Der Chatbot umfasst mehrere Schichten. Auf die Präsentationsschicht, die die Schnittstelle zum Anwender bildet und Eingaben in verschiedener Form (z. B. Text oder Sprache) entgegennimmt, folgt die Identifikationsschicht zur Authentifizierung des Benutzers. Massgebend für die Notwendigkeit einer Identifizierung ist die bereitgestellte Funktionalität des Systems. An nächster Stelle steht die eigentliche Programmlogik des Chatbots. Diese definiert, wie die Kommunikation mit dem Anwender abläuft. In einer weiteren Schicht werden die Benutzereingaben analysiert. Zudem erfolgt laufend eine Protokollierung relevanter Kundeninformationen. Basierend auf den Angaben, die an den Chatbot übermittelt wurden, versucht dieser, das Anliegen zu interpretieren und dem entsprechenden Abwicklungsprozess zuzuordnen.

Nachdem ein Prozess gestartet wurde, kann der Chatbot diesen selbständig ausführen, indem er direkt auf die benötigten internen Systeme zugreift. Die wichtigsten Systeme sind in der Darstellung ersichtlich (KEMA, IBIS, OnDemand, DWH, BITS, KBUS). Genauere Informationen zu den einzelnen Programmen können im Glossar (S. 66) nachgelesen werden. Erhält der Chatbot beispielsweise den Auftrag, ein Privatkonto zu eröffnen, wird über den Prozess «Eröffnung Produkte» eine Verbindung zu IBIS hergestellt, wo die Kontoeröffnung vorgenommen wird.

Innerhalb der grauen Systemgrenze besteht somit das Potential für eine tiefgreifende Automatisierung der Prozesse. Eine vollständige Integration mit den internen Systemen ermöglicht es theoretisch, viele Bankdienstleistungen zu grossen Teilen durch den Chatbot abzuwickeln. Tätigkeiten, die nicht automatisierbar sind, erfordern weiterhin die Beteiligung von Akteuren. Der Chatbot kann diese beispielsweise durch das Generieren von Pendenzen in Prozesse einbinden.

Liste der nicht funktionalen Anforderungen

In Tabelle 17 sind die non-funktionalen Anforderungen ersichtlich, die die BEKB an ein Chatbot-System zur Abwicklung von Kundengeschäften stellt. Diese sogenannten Qualitätsanforderungen wurden von Mark Chardonnens (persönliche Kommunikation, 1. Juli, 2019) aufgenommen. Da es sich dabei ausschliesslich um zwingend zu erfüllende Leistungsfaktoren (Muss-Anforderungen) handelt, wird die Priorität mit hoch angegeben.

<table>
<tr><th>ID</th><th>Titel</th><th>Beschreibung</th></tr>
<tr><td>1</td><td>Verfügbarkeit/Servicezeit</td><td>Der Chatbot muss zu den nachfolgenden Zeiten via Internet ansprechbar und funktionsfähig sein:
<table>
<tr><th></th><th>Wochentage</th><th>Uhrzeit</th></tr>
<tr><td>Normalzustand</td><td>Montag bis Sonntag</td><td>Während 24 Stunden pro Tag</td></tr>
<tr><td>Release-Zustand</td><td>Montag bis Sonntag</td><td>Während den 18 bis 19 meist frequentierten Stunden des Tages</td></tr>
</table></td></tr>
<tr><td>2</td><td>Zuverlässigkeit</td><td>Während der Interaktion mit Kunden ist zu jedem Zeitpunkt die Integrität der Daten zu gewährleisten.</td></tr>
<tr><td>3</td><td>Ausfallzeit</td><td>Die maximal erlaubte Ausfallzeit ist abhängig von der betroffenen Funktionalität, darf jedoch 48 Stunden nicht überschreiten.</td></tr>
<tr><td>4</td><td>Support-Zeit</td><td>Der Zeitraum, während dem der Dienstleister Support leisten muss, beginnt um 07.30 und endet um 18.00 Uhr.</td></tr>
<tr><td>5</td><td>Wiederherstellungszeit</td><td>Die Wiederherstellung des Systems muss innerhalb von maximal 36 Stunden sichergestellt werden.</td></tr>
<tr><td>6</td><td>Reaktionszeit</td><td>Die maximale Reaktionszeit bei einer Störung beträgt eine Stunde.</td></tr>
</table>

7	Maximaler Datenverlust	Wenn eine Transaktion ausgelöst wird, muss immer die Transaktionssicherheit gewährleistet werden.
8	Physische Sicherheit	Der Chatbot muss in einem FINMA-konformen Rechnungszentrum betrieben werden.
9	Vertraulichkeit der Daten	Daten, die der Dateninformationskategorie «Kunden» entsprechen, müssen vertraulich behandelt und besonders geschützt werden.
10	Unverfälschbarkeit der Daten	Daten dürfen nicht unbemerkt modifiziert werden können.
11	Nutzbarkeit	Alle Interaktionen zwischen dem Chatbot und dem Kunden erfolgen über eine Website bzw. über eine mobile Anwendung. Dabei wird jeweils von der Hardware der Endgeräte (z. B. Mikrofon, Kamera) Gebrauch gemacht.
12	Antwortzeit	Spätestens zwei Sekunden nach einer Benutzereingabe muss eine Rückmeldung erfolgen.
13	Skalierbarkeit	Das System muss sowohl horizontal als auch vertikal skalierbar sein: • Horizontale Skalierung: Dem System zusätzliche Instanzen (z. B. Server) hinzufügen bzw. bestehende Instanzen entfernen. • Vertikale Skalierung: Einer einzelnen Instanz zusätzliche Ressourcen (z. B. CPU, RAM) hinzufügen bzw. bestehende Ressourcen entfernen.
14	Interoperabilität	Alle mit dem Chatbot kommunizierenden Dienste müssen über eine REST- oder SOAP-API verfügen und die Datenformate JSON oder XML unterstützen.
15	Kapazität	Der Chatbot muss rund 500 Kunden gleichzeitig bedienen können. Dabei soll laufend ein Lastenausgleich durchgeführt werden und automatisch skaliert werden.

Tabelle 17: Nicht funktionale Anforderungen der BEKB an einen Chatbot

Technische Betriebsanforderungen

Das Chatbot-System soll aus mindestens zwei Instanzen (Server) bestehen, welche von einer logischen Einheit gesteuert werden. Bei einer hohen Anzahl gleichzeitiger Zugriffe können weitere Instanzen hinzugezogen werden (horizontale Skalierung). In Tabelle 18 werden die erforderlichen Spezifikationen einer einzelnen Instanz beschrieben (M. Chardonnens, persönliche Kommunikation, 1. Juli, 2019).

Kategorie	**Spezifikationen**
Betriebssystem	Microsoft Windows Server oder Red Hat Enterprise Linux Server
CPU	Mindestens zwei CPUs mit vier Kernen der siebten Generation von Intel
RAM	Mindestens 32 GB
Lokaler Speicherplatz	Mindestens 1 GB
Persistierungsebene	Storage Area Network (SAN), Network Attached Storage (NAS), Datenbank (Oracle oder Microsoft SQL)
Netzwerkanbindung	1 Gbit im LAN

Ausprägung	Virtuell
Betrieb	Der Betreiber ist verantwortlich für die Sicherstellung des Betriebs (Monitoring, Reporting, Incident und Problem Management etc.)

Tabelle 18: Spezifikationen einer einzelnen Instanz des Chatbot-Systems

4 Konkurrenzanalyse bezüglich Chatbot-Systemen im Bankgeschäft

In der Schweiz haben bereits mehrere Banken sprach- oder textbasierte digitale Assistenten zur Unterstützung von Bankgeschäften im Einsatz. Unter den verschiedenen Systemen gibt es bezüglich Leistungsumfang und Einsatzgebiet starke Abweichungen. Um eine Einschätzung des Fortschritts der Mitbewerber der BEKB zu ermöglichen, bieten die nachfolgenden Abschnitte einen Überblick über eine Auswahl an verfügbaren Banking Chatbots. Damit geben sie Aufschluss über mögliche Herangehensweisen bei der Einführung einer ähnlichen Lösung durch die BEKB.

4.1 Vorgehen bei der Analyse

Die Analyse der verschiedenen Chatbots basiert auf Angaben, die direkt von den jeweiligen Instituten im Internet bereitgestellt wurden sowie auf weiteren Onlinequellen. Ausserdem fliessen bei Systemen, welche auf den Webseiten frei zugänglich sind, eigene Erfahrungen des Autors mit ein. Es ist wichtig anzumerken, dass ausschliesslich Lösungen von Banken berücksichtigt werden, die gewissen Kriterien entsprechen.

4.1.1 Voraussetzungen zur Berücksichtigung von Chatbots

Eine wesentliche Voraussetzung besteht darin, dass der Anbieter in direkter Konkurrenz mit einem Grossteil der Geschäftstätigkeit der BEKB stehen muss. Dafür muss es sich dabei ebenfalls um eine mittelgrosse Universalbank[3] oder um eine Grossbank mit Schweizer Ansässigkeit handeln. Unternehmen, die sich ausschliesslich auf einzelne Geschäftsfelder (z. B. Zahlungs- oder Anlagelösungen) spezialisieren oder ihre Verbreitung auf das Internet beschränken (reine Online-Banken ohne eigene Filialen), werden nicht betrachtet.

Ausserdem ist es zwingend erforderlich, dass der Chatbot eine Bankdienstleistung entweder komplett selbständig abwickelt oder deren Abwicklung zumindest unterstützt. Hierbei ist zentral, dass die Dienstleistung direkt für den und in Kontakt mit dem Bankkunden erbracht wird. Beispiele für Bankdienstleistungen sind das Beantworten von Fragen in Bezug auf die Bank oder ihre Angebote, die Kundenberatung oder das Empfehlen und Eröffnen von Produkten. Nicht erwogen werden Lösungen, die nur bankintern zur Kommunikation zwischen Mitarbeitenden oder Abteilungen eingesetzt werden.

---

[3] Universalbanken sind nach dem Verständnis der BEKB Banken, die in sämtlichen folgenden Bereichen sowohl für Privat- als auch für Firmenkunden tätig sind: Kredit- und Kapitalvermittlung, Wertschriftengeschäft und Vermögensverwaltung, Zahlungsverkehr.

Eine letzte Bedingung bezieht sich auf die Beschaffenheit des digitalen Assistenten. Um in dieser Arbeit berücksichtigt zu werden, muss dieser über das Internet (bzw. über eine Anwendung) zugänglich gemacht werden können. Denn nur dadurch kann eine grösstmögliche Zielgruppe erreichet werden. Physische Roboter oder andere ausschliesslich in Niederlassungen verfügbare Systeme kommen nicht infrage.

4.1.2 Untersuchte Eigenschaften der Chatbots

Im nachfolgenden Absatz 4.2 werden die verschiedenen Chatbots anhand ihrer Eigenschaften untersucht. Dabei wird eine Vielzahl von Charakteristiken betrachtet:

- **Persönlichkeit:** Besitzt der Chatbot eine eigene Persönlichkeit und hat er einen Namen?
- **Verfügbarkeit:** Seit wann steht der Chatbot zur Verfügung bzw. wann war er verfügbar? Über welche Plattform (z. B. mobile Applikation, Website) kann darauf zugegriffen werden? Welche Zielgruppe wird angesprochen?
- **Leistungsumfang:** Welche Bankgeschäfte können über den Chatbot abgewickelt werden? Dient der Chatbot nur der Informationsbeschaffung oder geht seine Funktionalität darüber hinaus? Beschränkt sich der Chatbot auf das reaktive Beantworten von Fragen oder hat er auch proaktive Fähigkeiten?
- **Datenzugriff:** Hat der Chatbot ausschliesslich Zugang zu allgemeinen Informationen über die Bank und deren Angebote oder kann er auch auf persönliche Kundendaten zugreifen?
- **Authentifikation:** Wird der Benutzer vor oder während der Verwendung des Chatbots authentifiziert?
- **Entwicklung:** Von wem wurde der Chatbot entwickelt und auf welcher Technologie basiert er?
- **Künstliche Intelligenz:** Verfügt der Chatbot über künstliche Intelligenz und somit über selbstlernende Fähigkeiten?
- **Design:** Wie sieht das Design des Chatbots aus?

4.2 Analyse und Vergleich der Chatbot-Lösungen der Banken

Aufgrund der genannten Einschränkungen wurde vorrangig eine Recherche unter den Schweizer Gross- und Kantonalbanken (insbesondere den systemrelevanten Banken) sowie unter weiteren Banken mit grösserer Verbreitung (z. B. Migros Bank) durchgeführt. Um jedoch keine potentielle Lösung zu vernachlässigen, wurden zudem generelle Nachforschungen betrieben, die auch kleinere Institute miteinbezogen.

Die nachfolgende Aufzählung besteht aus einer Auswahl der fortschrittlichsten Banking Chatbots des Landes in willkürlicher Reihenfolge. Obwohl die Zusammenstellung nicht abschliessend ist und einige grosse Namen des Bankgeschäfts vermissen lässt, kann davon ausgegangen werden, dass derzeit keine höher entwickelte Lösung auf dem Schweizer Markt verfügbar ist.

4.2.1 Digitaler Assistent der PostFinance

Der Chatbot der PostFinance wurde im November 2017 lanciert und damit als erster Chatbot im Schweizer Bankensektor beworben. Der namenlose digitale Assistent steht seither rund um die Uhr auf der Webseite der Bank zur Verfügung (https://www.postfinance.ch/de/privat/support/chat.html). Als Konversationsschnittstelle für häufig gestellte Fragen informiert er beispielsweise über verfügbare Angebote, die Preisgestaltung von Bankprodukten (wie in Abbildung 6) oder über Standorte von Filialen (Kennedy, 2019). Dadurch erlaubt er Mitarbeitenden, sich stärker um komplexere Kundenanliegen zu kümmern (PostFinance AG, 2017).

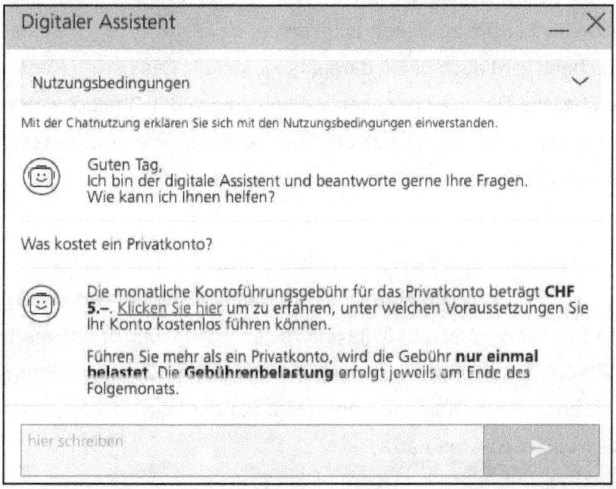

Abbildung 6: Digitaler Assistent der PostFinance (PostFinance AG, 2019)

Der digitale Assistent wurde innerhalb von elf Monaten von ELCA, einem der grössten unabhängigen Schweizer Anbieter von IT-Lösungen, entwickelt. Er basiert auf dem Standardprodukt «Nina-Web» von Nuance und wurde um diverse Dienste zur Verarbeitung natürlicher Sprache erweitert. Damit wurden das Sprachverständnis und die Dialogsteuerung des Agenten verbessert und eine höhere Intelligenz zur Verarbeitung von Anfragen bereitgestellt. Seit Ende 2018 ist er in Deutsch und Französisch verfügbar und verzeichnet rund 3'500 Anfragen pro Monat. Der Chatbot wird regelmässig mit neuen Inhalten ergänzt und lernt mit jeder neuen Chatsession dazu (PostFinance AG, 2017, 2018).

Bei näherer Betrachtung lässt sich schnell feststellen, dass der Chatbot nicht dafür ausgelegt ist, den Kunden bei Anliegen, die über die Informationsbeschaffung hinaus gehen, zu unterstützen. So wird zum Beispiel der Prozess der Kontoeröffnung zwar angeleitet. Sobald es aber um die tatsächliche Eröffnung geht, wird auf andere Kanäle verwiesen. Andere Anfragen, die nicht interpretiert werden können, werden auch gerne an einen richtigen Kundenberater weitergeleitet, der ebenfalls via Chat erreichbar ist. Dabei wird allerdings auf die Übermittlung der bisherigen Konversation verzichtet.

Die rein beratende Tätigkeit des Bots macht sich auch dadurch bemerkbar, dass für dessen Verwendung keine Identifikation erforderlich ist. Er ist daher nicht in der Lage, persönliche Daten des Kommunikationspartners in den Dialog einfliessen zu lassen und kann auch keine Anfragen beantworten, die solche betreffen. Entsprechend wird auch direkt darauf hingewiesen, dass keine Kontonummern, Namen, Passwörter oder ähnliche Daten eingegeben werden sollen. Der Chatbot werde von einem Partnerunternehmen betrieben und für die im Chatverlauf enthaltenen Daten werde keine Verantwortung übernommen (PostFinance AG, 2019).

4.2.2 Carl von der Bank Cler

Die Bank Cler, ehemals Bank Coop, ist ein Tochterunternehmen der Basler Kantonalbank (BKB). Mit ihrer mobilen Anwendung Zak lancierte sie Anfang 2018 die nach eigenen Angaben erste Smartphone-Bank der Schweiz (Gerber, 2018b). Mit geringen (oder sogar entfallenden) Grundgebühren, komplett digitalisierter Ausgestaltung der Dienstleistungen und Fokus auf die jüngere Zielgruppe bewirbt sich Zak als Innovation im Schweizer Bankenmarkt.

Ein wichtiger Bestandteil der App ist der integrierte Chatbot Carl, der Nutzern bei Fragen zur Seite steht. Ergänzend zum rein reaktiven Beantworten von Anfragen zeichnet sich Carl aber auch durch seine proaktive Herangehensweise aus. So ist er in der Lage, in Form eines Tippgebers zu agieren und beispielsweise von sich aus an die baldige Fälligkeit der Steuererklärung zu erinnern.

Die technologische Grundlage von Carl wird durch IBM bereitgestellt (Bank Cler AG, 2018). IBMs Bot-Technologie, der sogenannte Watson Assistant, wird als die branchenführende, auf künstlicher

Intelligenz beruhende Konversationstechnologie bezeichnet. Der Watson Assistant ist an jeden erdenklichen Anwendungsfall anpassbar und weiss genau, wann er auf der Suche nach einer Antwort auf eine Wissensbasis zugreifen kann, wann weitere Informationen benötigt werden und wann menschliche Unterstützung erforderlich ist (IBM, 2019). Durch die Technologie von IBM erlangt Zaks Chatbot selbstlernende Fähigkeiten und wird mit zunehmender Nutzung intelligenter. Demnächst wird es zudem möglich sein, sich mit dem Beratungscenter verbinden zu lassen, wenn Carl an seine Grenzen stösst (Bank Cler AG, 2018).

Trotz seines vielversprechenden technologischen Hintergrunds beschränkt sich Carl bisher auf die Bereitstellung allgemeiner Informationen (siehe Abbildung 7a). Der Watson Assistant wäre mittlerweile in der Lage, deutlich komplexere Bankdienstleistungen abzuwickeln. Beispiele dafür sind das Durchführen einer Zahlung, das Vereinbaren eines persönlichen Besprechungstermins (siehe Abbildung 7b) oder das Empfehlen einer passenden Kreditkarte (IBM, 2019). Gerade im Hinblick darauf, dass der Zugriff auf Carl ausschliesslich nach einer Authentifizierung im geschützten E-Banking-Umfeld erfolgt, wäre eine Implementation solcher Funktionen mit Zugriff auf persönliche Kundendaten vorstellbar.

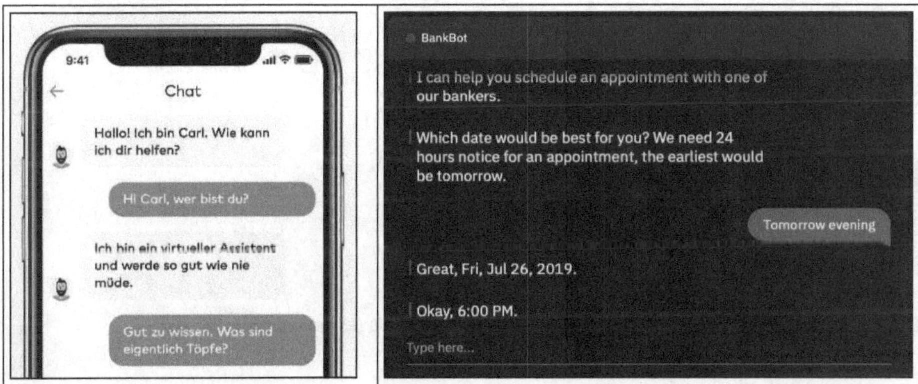

a) b)

Abbildung 7: Abbildung a) zeigt Carl, den Chatbot der App Zak (Scholtysik & Partner AG, o. J.). In Abbildung b) ist ein mögliches Anwendungsbeispiel des Watson Assistant im Bankgeschäft ersichtlich (IBM, 2019).

4.2.3 Finanzassistent der St. Galler Kantonalbank

Im Juni 2019 hat die St. Galler Kantonalbank (SGKB) ihren Finanzassistenten innerhalb der E-Banking-App um eine Funktion zur Spracherkennung erweitert. Diese soll einfach und unkompliziert einen Überblick über die Finanzen verschaffen und versteht sogar schweizerdeutsche Audio-Anfragen (St. Galler Kantonalbank AG (SGKB), 2019). Damit will die regional verankerte SGKB Kundennähe demonstrieren und Heimatgefühle wecken (Schleier, 2019). Die Bank gibt an, mit dieser Form der Kundeninteraktion im Schweizer Finanzmarkt Vorreiter zu sein (inside-it.ch, 2019).

Nach dem Login in die E-Banking-Anwendung haben Kunden der SGKB die Möglichkeit, Abfragen zu ihren Finanzen per Sprache auszuführen. Bemerkenswert ist dabei die Fähigkeit des Finanzassistenten, auf persönliche Kontendaten des Benutzers zuzugreifen sowie diese zu kategorisieren und aggregieren. Das System stellt also nicht nur allgemeine Informationen zu Bankangeboten bereit, sondern liefert konkrete, benutzerspezifische Antworten. So kann man sich beispielsweise über die Höhe der letzten Steuerbelastung erkundigen (SGKB, 2019). In Abbildung 8 sind das Sprach-Interface und einige weitere Beispielfragen ersichtlich.

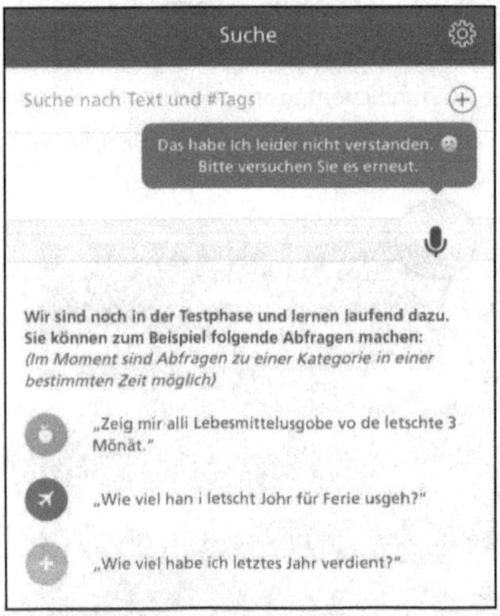

Abbildung 8: Der Sprachassistent in der E-Banking-App der SGKB (Maag, 2019)

Die Sprachschnittstelle wurde von der Spitch AG, einem Schweizer Anbieter von Lösungen in der automatisierten Spracherkennung, umgesetzt. Mithilfe von auf künstlicher Intelligenz beruhender natürlicher Sprachverarbeitung (Natural Language Processing) will Spitch bei gleichzeitiger Kostenreduktion für die SGKB das Kundenerlebnis verbessern. Dadurch sollen auch die Weichen für eine digitale Zukunft gestellt werden. Gerade jüngere Menschen würden zunehmend Sprachnachrichten verschicken und man gehe davon aus, dass die nächste Generation von Konsumenten ihre Geräte vollständig mit Spracheingaben bedienen wird. Entsprechend sei die Weiterentwicklung der automatisierten Sprachlösung vom Feedback der Kunden abhängig.

Bei der Entwicklung des Sprachassistenten wurde die Sicherheit in den Vordergrund gestellt. Spitch beteuert, keine Audiodateien von Kundenanfragen zu speichern. Ausserdem hat man sich darauf beschränkt, dem Kunden Informationen bereitzustellen. Auf das Durchführen von Transaktionen per Sprachsteuerung wird bewusst verzichtet (Schleier, 2019).

4.2.4 Virtueller Assistent der Credit Suisse

Nachdem die Credit Suisse (CS) ihren virtuellen Assistenten ab Ende 2017 (Gerber, 2018b) mit Tausenden von Anfragen im Facebook Messenger trainieren liess, hat sie den Dienst im Sommer 2018 auf ihrer Webseite (https://www.credit-suisse.com/) einem breiteren Publikum zur Verfügung gestellt (Dietrich, 2018). Jederzeit unten rechts eingeblendet, ist der Chatbot in der Lage, allgemeine Fragen zu den Geschäftsstellen und angebotenen Produkten zu beantworten.

Für den Zugriff auf den namenlosen digitalen Assistenten ist kein Login erforderlich. Entsprechend hat dieser keinen Zugang zu sensiblen Personen- oder Kontendaten der Kunden und Transaktionen sind nicht möglich. Die Kernkompetenz des Bots liegt in der Bereitstellung von generellen Informationen. Dabei hat er mehrheitlich die Funktion eines Wegweisers. Selten sind die Informationen, die direkt im Dialogfenster angezeigt werden, ausreichend. Eine Ausnahme stellt die Suche nach einem Geldautomaten dar: Hier blendet der Chatbot direkt eine Karte mit dem Standort des nächsten Gerätes ein (siehe Abbildung 9) (Gerber, 2018b). Bei den meisten anderen Anfragen aber reagiert er mit Verweisen. So wird man auf den Wunsch, ein Beratungsgespräch zu vereinbaren, auf ein externes Formular verlinkt. Positiv hervorzuheben ist jedoch, dass die Dokumente oder Webseiten, auf die verwiesen wird, mehrheitlich dem gesuchten Ergebnis entsprechen.

Abbildung 9: Der Chatbot der CS zeigt den Standort des nächsten Geldautomaten (Credit Suisse AG, 2019)

Der virtuelle Assistent funktioniert im Moment ausschliesslich reaktiv. In naher Zukunft ist aber geplant, proaktive Fähigkeiten zu implementieren. Beispielsweise könnte er sich dann von sich aus beim Besucher der Website bemerkbar machen und seine Dienste anbieten oder Angebote unterbreiten (Dietrich, 2018).

Bereitgestellt wird der Assistent von Inbenta Technologies (Credit Suisse AG, 2019). Das Unternehmen mit spanischem Ursprung entwickelt Lösungen basierend auf der Anwendung von künstlicher Intelligenz. Inbentas Chatbot verwendet natürliche Sprachverarbeitung und Machine Learning, um das Anliegen unabhängig von der Ausdrucksweise des Kunden bestmöglich interpretieren zu können. Dadurch soll es möglich sein, auf jede Anfrage eine präzise, intelligente Antwort zu liefern (Inbenta Technologies Inc., 2019).

Bezüglich des Datenschutzes weist die CS darauf hin, dass Konversationen während maximal sieben Jahren in der Europäischen Union gespeichert werden. Es sei jedoch nicht möglich, aufgrund der Nutzung auf die Identität einzelner Anwender abzuleiten (Credit Suisse AG, 2019).

4.2.5 Weitere Banking Chatbots

In diesem Abschnitt werden noch zwei weitere Chatbot-Systeme betrachtet, die aufgrund ihres Entwicklungsstandes noch nicht als vollwertige Lösungen angesehen werden können und sich noch nicht im produktiven Einsatz befinden, jedoch Potential bergen.

UBS Companion

Im Rahmen eines Experiments zur Interaktion zwischen Mensch und Maschine hat die UBS letztes Jahr ihren Chefökonomen Daniel Kalt digitalisiert (siehe Abbildung 10) und ihm Fin (siehe Abbildung 11), einen Assistenten in etwas abstrakterer Form, zur Seite gestellt. Die beiden Avatare bilden zusammen den sogenannten UBS Companion und können über Sprache und Augenkontakt mit Menschen interagieren. In einer ersten Phase wurden sie ab Sommer 2018 für einen begrenzten Zeitraum via Bildschirm bei Kundenmeetings eingesetzt. Mithilfe des Companion soll künftig ein reibungsloser Wissenszugang für Kunden geschaffen werden. Ausserdem soll die Akzeptanz von digitalen Assistenten in der Vermögensverwaltung getestet werden (UBS AG, 2018).

Der UBS Companion wurde innerhalb von rund sieben Monaten von der neuseeländischen Unternehmung FaceMe entwickelt. Dafür wurde die Watson Conversational Plattform von IBM verwendet.

Die Technologie ermöglicht die intelligente Konversation mit Menschen. Kalts digitale Repräsentation ist dadurch etwa in der Lage, sich in das Beratungsgespräch einzuschalten und Fragen zur Wirtschaftslage zu beantworten oder einen Einblick in das aktuelle Geschehen zu geben. Fin, der zweite Assistent, kann auf ähnliche Weise zu Rate gezogen werden. Er dient dazu, Informationen über die Bank und ihre Angebote abzurufen. Über eine Anbindung an das Back-End kann auch gleich ein entsprechendes Produkt eröffnet werden (inside-it.ch, 2018).

Abbildung 10: Der digitale menschliche Assistent beantwortet Fragen und kann die Stirn runzeln, lächeln sowie seinen Blick auf Personen richten (inside-it.ch, 2018)

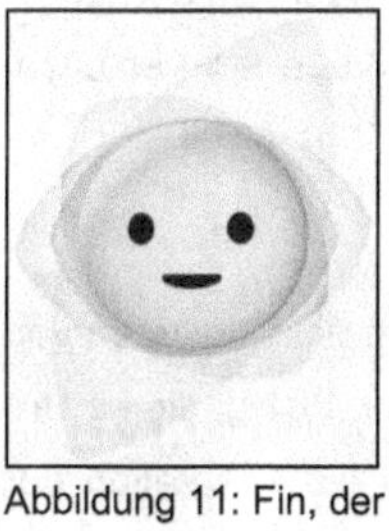

Abbildung 11: Fin, der abstrakte digitale Assistent der UBS (inside-it.ch, 2018)

Die UBS hat noch keine konkreten Pläne für einen flächendeckenden Einsatz des UBS Companion kommuniziert. Nach der Testphase, die bis Ende 2018 dauerte, sollte eine Auswertung erfolgen. Neben dem stationären Einsatz in den Beratungszimmern stehen auch weitere mögliche Anwendungsfälle zur Debatte. So sei ein speziell auf den Kunden zugeschnittener Assistent mit weniger Abhängigkeit vom Kundenberater denkbar (inside-it.ch, 2018). Eine solche Lösung könnte wohl auch über das Internet bereitgestellt werden.

Casalino von Raiffeisen Schweiz

Um aufkommende Trends und neue Technologien zu untersuchen, hat Raiffeisen Schweiz das Zukunftslabor RAI Lab ins Leben gerufen. Das Ziel besteht darin, innovative Geschäftsmodelle für die Bank abzuleiten (Raiffeisen Schweiz, 2018a). Ein wichtiges Thema in diesem Zusammenhang ist der Einsatz vom Chatbots, dem viel Potential nachgesagt wird. Nachdem sich das RAI Lab seit 2017 intensiv mit digitalen Assistenten befasst hatte, wurde im Januar 2019 mit Casalino (siehe Abbildung 12) ein erstes Pilotprojekt zur Benutzung auf der Webseite freigegeben (Raiffeisen Schweiz, 2018b).

Abbildung 12: Der Chatbot Casalino von Raiffeisen (Raiffeisen Schweiz, 2019a)

Casalino wird auch Hypobot genannt und unterstützt Kunden bei Finanzierungsfragen. Er kann die Höhe von Hypotheken berechnen, Tragbarkeiten ermitteln, Fragen zum Thema Wohnen beantworten und nach menschlichen Kundenberatern suchen. Mit jeder erhaltenen Anfrage lernt er dazu, wodurch sich die Antworten stetig verbessern (Schmid, 2019; Hundertmark, 2019a).

Der Chatbot wurde in Form eines funktionalen Prototyps durch ein internes Entwicklungsteam von Raiffeisen entwickelt. Er basiert auf der Technologie von Microsoft Azure (Jeker, 2019), die es Unternehmen ermöglicht, individuelle virtuelle Assistenten zu erschaffen. Durch die Integration der Azure Cognitive Services werden mächtige KI-Fähigkeiten bereitgestellt, die eine natürliche Interaktion mit dem Benutzer zulassen. Der Chatbot kann dadurch mit dem Anwender sprechen, ihm zuhören und ihn verstehen (Microsoft, 2019).

Das Chatbot-Experiment mit Casalino ist mittlerweile beendet und das System steht momentan nicht mehr zur Verfügung (Raiffeisen Schweiz, 2019a). Zum zukünftigen Einsatz konnten keine Informationen in Erfahrung gebracht werden. Es ist aber davon auszugehen, dass sich Raiffeisen weiterhin stark mit Chatbots befasst. So ist mit dem RAI Bot bereits ein nächster digitaler Assistent in Planung, der Kontostände und Transaktionen abrufen sowie Adressen ändern können soll (Schmid, 2019).

4.2.6 Vergleich der verschiedenen Chatbots

In Tabelle 19 werden die unterschiedlichen digitalen Assistenten anhand ihrer Merkmale verglichen. Dazu werden die wichtigsten Erkenntnisse aus den vorangehenden Kapiteln rekapituliert und gegenübergestellt. Es ist zu beachten, dass nur die sich bereits im produktiven Einsatz befindlichen Lösungen berücksichtigt werden.

	PostFinance (siehe 4.2.1)	**Bank Cler (siehe 4.2.2)**	**SGKB (siehe 4.2.3)**	**Credit Suisse (siehe 4.2.4)**
Bezeichnung oder Name	Digitaler Assistent	Carl	Finanzassistent	Virtueller Assistent
Verfügbarkeit	Seit 2017 auf der Homepage	Seit 2018 in der App Zak	Seit 2019 in der E-Banking-App	Ab 2017 im Facebook Messenger, seit 2018 auf der Homepage
Primäre Zielgruppe	Alle Webseitenbesucher	Eher jüngere Kunden, die Zak nutzen	Eher jüngere Kunden mit E-Banking-Zugang	Alle Webseitenbesucher
Reaktives Beantworten von Fragen	Ja	Ja	Ja	Ja
Proaktive Fähigkeiten	Nein	Ja	Nein	Nein
Durchführen von Transaktionen	Nein	Nein	Nein	Nein
Zugriff auf persönliche Kundendaten	Nein	Nein	Ja	Nein
Authentifikation des Benutzers	Nein	Ja (vorgängig)	Ja (vorgängig)	Nein
Entwicklung	Durch ELCA basierend auf NinaWeb von Nuance	Durch IBM basierend auf dem Watson Assistant	Durch Spitch	Durch Inbenta
Künstliche Intelligenz	Ja	Ja	Ja	Ja

Tabelle 19: Die verschiedenen Banken-Chatbots im Vergleich (Hervorhebungen: grün sind positive Eigenschaften, rot sind eher negative Eigenschaften, weiss sind neutrale Eigenschaften)

Neben den bereits verfügbaren Chatbots weisen auch diejenigen Lösungen, die erst im Rahmen einer Testphase zur Anwendung kamen (siehe 4.2.5), interessante Eigenschaften auf. So ist einer der digitalen Assistenten der UBS als einziges der behandelten Systeme in der Lage, Transaktionen durchzuführen. Es ist allerdings nicht bekannt, inwieweit diese Funktion ausgereift ist. Darüber hinaus verdient auch die fortschrittliche Technologie des Microsoft Azure Bot Service hinter Raiffeisens

Casalino besondere Erwähnung. Mit seinen kognitiven Fähigkeiten gehört das Angebot von Azure neben demjenigen von IBM zu den Schwergewichten der Branche.

5 Konzeptioneller Lösungsvorschlag

In diesem Kapitel wird ein konzeptioneller Lösungsvorschlag zur Abwicklung der in der Einleitung festgelegten Bankdienstleistungen unter Einbezug von Chatbots vorgestellt.

Im ersten Teil werden anhand einer umfassenden Customer Journey die weitreichenden Einsatzmöglichkeiten von Chatbots im Bankgeschäft untersucht, bevor der zweite Teil die Beantwortung der zentralen Fragestellungen aus der Einleitung in Angriff nimmt.

5.1 Chatbot Customer Journey für die BEKB

Nachfolgend wird eine Chatbot Customer Journey aufgezeigt, die sich auf Basis der in dieser Arbeit gesammelten Erkenntnisse[4] anschaulich mit den Berührungspunkten zwischen der BEKB und ihren Kunden auseinandersetzt. Die folgenden drei Abschnitte beschreiben für jede Phase der Customer Journey detailliert, in welcher Form sich Chatbots zur Abwicklung der verschiedenen Dienstleistungen einsetzen lassen. Dabei wird mithilfe einer konkreten Persona das ganzheitliche Potential einer derartigen Lösung beleuchtet.

Customer Journey und Persona

Eine Customer Journey umfasst die Gesamtheit aller Erfahrungen, die ein Kunde während des Kaufzyklus über mehrere Berührungspunkte hinweg mit einer Unternehmung sammelt. Sie wird in der Literatur oft in drei Phasen unterteilt: die Phase vor dem Kauf, die Kaufphase und die Phase nach dem Kauf eines Produktes (Lemon & Verhoef, 2016). Der Produktekauf kann in diesem Zusammenhang synonym mit der Erbringung einer Dienstleistung verstanden werden (Rosenbaum, Otalora, & Ramírez, 2017).

Der Ablauf der Customer Journey wird durch die Charakteristiken und Vorstellungen der Kunden definiert. Um eine Customer Journey modellieren zu können, muss man zuerst die Kunden verstehen und sich ein Bild von ihnen machen. Dafür bietet sich das Konzept der Persona an (Kampik, 2019). Eine Persona ist eine semi-fiktionale Repräsentation des idealen Kunden einer Unternehmung. Sie fokussiert auf die Bedürfnisse und Erfahrungen eines spezifischen Kundensegments, zum Beispiel einer neuen Zielgruppe (Lemon & Verhoef, 2016). Jede Customer Journey sollte auf genau einer Persona basieren und bestmöglich darauf abgestimmt werden (Kampik, 2019).

---

[4] Dieses Kapitel basiert zu einem grossen Teil auf den erarbeiteten Grundlagen im ersten Teil der Arbeit, wo auf die verwendete Literatur referenziert wurde. Es dient der strukturierten Aufarbeitung der gesammelten Erkenntnisse zu einem konzeptionellen Lösungsvorschlag. Auf die erneute Nennung der Referenzen wird verzichtet und es werden ausschliesslich weiterführende Quellen zitiert.

Definition einer Persona für die Chatbot-Lösung der BEKB

Als Persona wird für das nachfolgende Konzept ein optimaler Zielkunde der BEKB definiert, der über Selfservices erreicht werden kann. Es folgt eine Kurzbeschreibung:

Michael Muster ist 35 Jahre alt und lebt zusammen mit seiner Freundin in einer Mietwohnung in der Stadt Bern. Nach Abschluss seines Studiums fand er eine gutbezahlte Anstellung als Verkaufsberater in einer grösseren Unternehmung, die es ihm ermöglicht, regelmässig höhere Geldbeträge zur Seite zu legen. Einen Teil davon investiert er jeweils möglichst gewinnbringend. Nun spielt er zusätzlich mit dem Gedanken, ein Eigenheim zu erwerben. Michael ist beruflich oft unterwegs und legt viel Wert auf Flexibilität. So erledigt er Arbeiten auch in der Nacht oder auf dem Arbeitsweg mit dem Smartphone oder Laptop. Solange der Datenschutz und die Funktionalität gewährleistet ist, hat er kaum Berührungsängste mit neuen Technologien. Für Bankgeschäfte möchte Michael so wenig Zeit wie möglich aufwenden. In seiner kostbaren Freizeit will er nicht für jeden Auftrag persönlich eine Niederlassung aufsuchen müssen. Seine bisherige Bank ist diesbezüglich wenig fortschrittlich. Die Abwicklung der Bankgeschäfte ist oft umständlich, was hauptsächlich an der mangelnden Digitalisierung der Prozesse liegt. Dies empfindet Michael zum Zeitpunkt der Beanspruchung der Dienstleistungen jeweils als störend. Da aber die Mitarbeitenden stets freundlich sind und selten gravierende Probleme auftreten, akzeptiert er die aktuelle Sachlage.

5.1.1 Pre-Service-Phase

Die Pre-Service-Phase der Customer Journey bezieht sich auf das Benutzererlebnis vor der Inanspruchnahme einer Dienstleistung oder dem Kauf eines Produktes. Dazu gehören klassischerweise Berührungspunkte wie Onlinewerbung oder Werbetafeln des Anbieters (Rosenbaum u. a., 2017), wodurch das Bedürfnis des Kunden überhaupt geweckt wird (Lemon & Verhoef, 2016).

Bedeutung der Pre-Service-Phase für die Persona und die BEKB

Für die junge, technikaffine Persona ist die Bankenpräsenz im Internet von hoher Bedeutung. Sie möchte die Bankgeschäfte mit möglichst geringem Zeitaufwand unabhängig von Ort und Zeit erledigen können. Mit ihrer bisherigen Bankverbindung verlaufen die Interaktionen oft schwerfällig und meistens auf persönlichem, analogem Weg, auch wenn es sich dabei nur um Routinefälle handelt. Die Persona geht davon aus, dass andere Banken über bessere und fortschrittlichere Prozesse verfügen. Diese Mutmassung reicht aber noch nicht aus, um selbst Recherchen anzustellen. Denn mit den Produkten der bisherigen Bank ist sie an sich nicht unzufrieden.

In der Pre-Service-Phase geht es für die BEKB nun darum, die Persona als potentiellen Kunden auf ihre Angebote aufmerksam zu machen. Der Kunde weiss in diesem Stadium oft selbst noch nicht, dass er ein bestimmtes Bedürfnis hat oder welcher Art dieses genau ist. Es kann auch sein, dass das Bedürfnis zwar besteht, aber noch nicht gross genug ist, um eine Handlung auszulösen. Das Ziel der Bank besteht also darin, noch nicht explizit geäusserte Bedürfnisse aufzudecken und als Anbieter einer Lösung wahrgenommen zu werden. Dadurch soll der Angesprochene zu einer Aktion angeregt werden.

Erforderliche Eigenschaften und Fähigkeiten eines Chatbots in der Pre-Service-Phase

Die Akquisition von Neukunden kann durch einen Chatbot entscheidend unterstützt werden. Damit dies gelingt, müssen einige Aspekte beachtet werden. Diese gehen aus den Kapiteln 3 und 4 und hervor.

Zugänglichkeit eines Chatbots in der Pre-Service-Phase

Von grundlegender Wichtigkeit ist die öffentliche Zugänglichkeit des Systems: Es müssen so viele Menschen wie möglich durch den Bot angesprochen werden können. Daher macht es beispielsweise wenig Sinn, einen solchen Marketingbot in eine Applikation zu integrieren. Nichtkunden, welche sich kaum eines Bedürfnisses bewusst sind, werden diese bestimmt nicht herunterladen. Und das schon gar nicht, wenn sie sich nicht aktiv auf Informationssuche befinden.

Ein geeigneter Ort für einen Bot zur Ansprache von Neukunden kann hingegen die eigene Webseite sein. Diesen Weg wählten beispielsweise die PostFinance und die Credit Suisse mit ihren digitalen Assistenten. Allerdings werden auf diese Weise auch nur diejenigen Personen erreicht, die sich bereits auf der entsprechenden Seite befinden.

Eine weitere Möglichkeit besteht in der Integration des Chatbots in den Facebook Messenger (Hundertmark, 2019b). Mit dieser Methode wurde der virtuelle Assistent der Credit Suisse trainiert. Sie bringt den Vorteil, dass man damit in einem Kanal vertreten ist, den ein Grossteil der Zielgruppe bereits verwendet. Es ist anzunehmen, dass dadurch die Hürde, Neukunden zu erreichen, im Vergleich zur eigenen Webseite noch einmal deutlich sinkt.

Zudem besteht die Option der Integration eines Werbe-Chatbots in fremde Webseiten. Klassische Banner kommen seit Jahren in dieser Form zum Einsatz. Ihnen fehlt aber die interaktive Komponente. Durch einen intelligenten digitalen Assistenten, der beispielsweise direkt neben Onlineartikeln von bekannten Finanznachrichtendiensten geschaltet wird, könnte die Bank mit der relevanten Zielgruppe konversieren, ohne dass diese einen ihrer eigenen Kanäle besuchen muss. Abbildung 13 illustriert dies anhand eines Beispiels aus der Reisebranche.

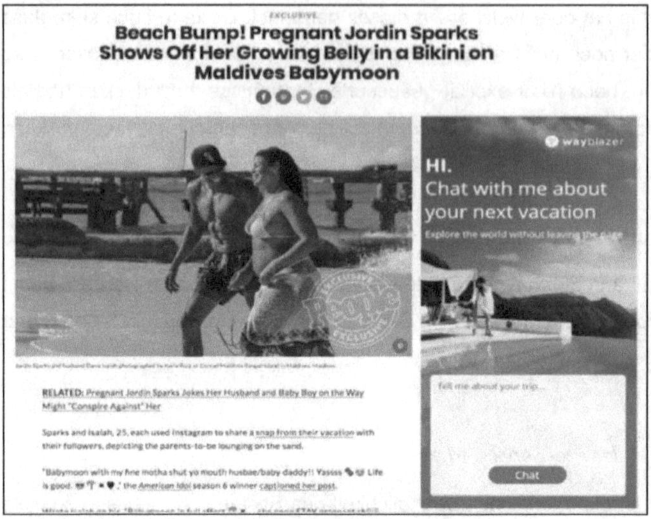

Abbildung 13: Einbettung eines funktionsfähigen Werbe-Chatbots (rechts) neben einem thematisch passenden Artikel eines News-Portals (Wayblazer Inc., 2017).

Technologie eines Chatbots in der Pre-Service-Phase

Die technologischen Anforderungen an einen Chatbot mit dem Zweck der erstmaligen Ansprache von Neukunden sind verhältnismässig gering. Für das blosse Anzeigen von Werbung oder das Informieren über Bankprodukte würde grundsätzlich schon ein einfaches, regelbasiertes System mit Zugriff auf eine Wissensdatenbank ausreichen. Andererseits werden aber bereits hierfür oft Technologien unter Einsatz von künstlicher Intelligenz verwendet. Dies lässt sich eindrucksvoll anhand des Konkurrenzvergleichs belegen (siehe 4.2.6): Obwohl die meisten der betrachteten Systeme lediglich allgemeine Fragen zu Bankangeboten beantworten können, haben sie allesamt selbstlernende Fähigkeiten. Ein Grund dafür ist, dass gerade Lösungen grosser Anbieter wie Facebook (Hundertmark, 2019b), IBM oder Microsoft, die häufig implementiert werden, diese Funktionalitäten standardmässig enthalten.

Um Neukunden auf sich aufmerksam zu machen, muss der Chatbot zwingend proaktiv vorgehen. Das bedeutet, dass er sich ungefragt beim Kunden bemerkbar machen muss. Wenn der Bot erst Informationen vermittelt, nachdem ihm eine Frage gestellt wurde, wird er nur begrenzten Erfolg haben. Ist er aber in der Lage, sofort nach dem Aufruf der Seite ein Werbebild mit Begrüssungstext anzuzeigen (vielleicht sogar animiert, um Blicke anzuziehen), steigen die Chancen. Die Credit Suisse hat diesen Umstand erkannt und plant, ihren Chatbot Webseitenbesuchern künftig aktiver zu präsentieren.

Persönlichkeit eines Chatbots in der Pre-Service-Phase

Ebenfalls sinnvoll ist es, dem Chatbot eine eigene Persönlichkeit zu verleihen. Dafür sollte er mindestens einen Namen und ein Erscheinungsbild in Form eines Avatars haben. Optional kann er auch über Interessen oder spezifische Eigenschaften verfügen. Gerade bei den Bots zur Erstansprache von Kunden besteht hier Nachholbedarf: Die verglichenen Lösungen der PostFinance und Credit Suisse werden schlicht als digitale oder virtuelle Assistenten bezeichnet. Von Charaktereigenschaften kann erst recht keine Rede sein.

Unabhängig von der Bezeichnung sollte man nicht vergessen, den Anwender über die unmenschliche Natur seines Gesprächspartners zu informieren. Wichtig ist zudem, dass sich die Persönlichkeit des Bots an der Zielgruppe orientiert, um mit ihr auf Augenhöhe kommunizieren zu können. Jungen Menschen kann man beispielsweise per Du und in unkomplizierter Sprache begegnen. Sind fremdsprachige Personen in der Zielgruppe, sollte der Chatbot diese auch verstehen können. Dadurch wirkt er sympathisch und vertrauenswürdiger.

Datenschutz und Sicherheit eines Chatbots in der Pre-Service-Phase

Bezüglich des Datenschutzes hält sich das Ausmass der zu treffenden Vorkehrungen in Grenzen. Ein digitaler Assistent, der Kunden lediglich allgemeine Informationen zu einer Bank und ihren Angeboten bereitstellt, kommt nicht allzu häufig mit persönlichen Daten in Kontakt. Natürlich muss der Kunde dennoch über den Umgang mit seinen Daten informiert werden. Denn aufgrund seiner Interessen oder weiterer Angaben, die er mit dem Bot teilt, könnten Rückschlüsse auf seine persönlichen Verhältnisse gezogen werden. Die im Konkurrenzvergleich berücksichtigten allgemein informierenden Bots mahnen entsprechend zur Vorsicht: Während die CS darauf hinweist, dass Konversationen bis zu sieben Jahre lang gespeichert werden, rät die PostFinance im Voraus davon ab, persönliche Daten einzugeben.

Die Sicherheit des digitalen Assistenten darf auch bei diesem Einsatzszenario nicht vernachlässigt werden. Allerdings ist das Risiko im Vergleich zu Systemen, die über eine direkte Schnittstelle zu produktiven Banksystemen und Kundendaten verfügen oder gar Transaktionen auslösen können, massiv reduziert. So besteht in der Pre-Service-Phase auch keine Notwendigkeit zur Authentifizierung des Benutzers, bevor der Chat gestartet werden kann (vgl. die Chatbots der PostFinance und der Credit Suisse).

Bankfachliche Anwendungsmöglichkeiten eines Chatbots in der Pre-Service-Phase

Aus bankfachlicher Sicht muss der Chatbot in der Pre-servcie-Phase der BEKB eine erstinstanzliche Bedarfsabklärung (nach Beschreibung in Kapitel 2.2) durchführen.

Im Rahmen der Bedarfsabklärung soll der Kundenbedarf gesamtheitlich abgeklärt werden. Bei der BEKB umfasst diese die Bereiche Zahlen, Sparen, Anlegen, Vorsorgen und Finanzieren. Momentan ist die Bedarfsabklärung Teil des Akquisitionsgesprächs. Nach der Terminvereinbarung mit einem potentiellen Kunden ermittelt der Kundenberater im persönlichen Beratungsgespräch in einer Niederlassung die Kundenbedürfnisse. Darauf basierend unterbreitet er dem Kunden passende Lösungsansätze und Angebote.

Durch einen Chatbot kann der Akquisitionsprozess erheblich erleichtert werden. Dies lässt sich anhand der Persona Michael Muster demonstrieren. Michael Muster ist offen für einen Bankwechsel, bemüht sich aber nicht aktiv darum. Begegnet Muster nun im Internet einem Chatbot, der ihm ein attraktives Angebot der BEKB vorstellt, wird er ihm wahrscheinlich seine Aufmerksamkeit schenken. Die Kommunikation mit einem Roboter ist schliesslich unverbindlich und er muss weder einen Termin vereinbaren noch an einen bestimmten Ort reisen.

Der Chatbot kann nun die Chance wahrnehmen und mit geschickten Fragen Michaels Bedürfnisse abklären. So bringt er beispielsweise dessen Interesse an Spar- und Anlagemöglichkeiten und an einer Eigenheimfinanzierung in Erfahrung. Auch ein Zahlungskonto mit Karten wird der berufstätige Mann benötigen.

Nach einer Interpretation der erhaltenen Informationen ist der Chatbot in der Lage, relevante Unterlagen und Daten aus seiner Wissensdatenbank abzurufen und Michael ein personalisiertes Angebot zu unterbreiten. Dieses kann er direkt im Chatfenster in Form von Text, Bildern, Dokumenten oder weiterführenden Links bereitstellen. Zum Beispiel könnte der digitale Assistent Michael eine Vergleichstabelle mit Hypotheken verschiedener Laufzeiten und Zinssätze, eine preisreduzierte Zahlungslösung inklusive Kreditkarte und ein Wertschriftendepot anzeigen.

Michaels Bedürfnisse, die vorhin eher im Unterbewusstsein vorhanden waren, werden nun geweckt. Hat er eine Frage oder benötigt er zusätzliche Angaben, steht ihm der digitale Assistent augenblicklich mit einer Antwort zur Verfügung – unabhängig von der Uhrzeit. Er hilft im Auswahlprozess und versucht, eine Entscheidung herbeizuführen. Zusätzlich wird auch ein Live-Chat mit einem menschlichen Kundenberater angeboten. Dieser ist aber nicht rund um die Uhr verfügbar. Kann der Nichtkunde schliesslich von der Eröffnung einer Geschäftsbeziehung mit der BEKB überzeugt werden, hat der Akquisitions-Chatbot seine Aufgabe erfüllt. Es erfolgt der Übergang in die Service-Phase.

5.1.2 Service-Phase

Die Service-Phase der Customer Journey umfasst alle Berührungspunkte zwischen dem Kunden und dem Anbieter in direkter Verbindung mit der Erbringung einer Dienstleistung oder dem Produkteverkauf. Beispiele dafür sind die Beratung, die Auswahl einer Lösung und die Abwicklung (Rosenbaum u. a., 2017). Durch ein zufriedenstellendes Kundenerlebnis soll das Geschäft zum Abschluss gebracht werden (Lemon & Verhoef, 2016).

Bedeutung der Service-Phase für die Persona und die BEKB

Obwohl sich die Persona nicht aktiv mit einem Bankwechsel auseinandergesetzt hat, ist sie in der Pre-Service-Phase auf die BEKB gestossen. Durch den digitalen Assistenten hat sie die Bank gleich als fortschrittlich wahrgenommen und geht davon aus, dass auch die anderen Kundenprozesse in dieser Form gestaltet sind. Deshalb hat sich die Persona bereiterklärt, ihre bisherige, unmoderne Bank zu verlassen. Vom Wechsel erhofft sie sich die für ihren Lebensstil notwendige Flexibilität und Unabhängigkeit. Allerdings ist sie nicht bereit, im Gegenzug Abstriche im Produktebereich hinzunehmen. Nur wenn ihre Erwartungen an eine fortschrittlichere Abwicklung der Bankgeschäfte erfüllt werden und die Qualität der Produkte erstklassig ist, wird sie der BEKB erhalten bleiben.

Nachdem sich der Nichtkunde in der Pre-Service-Phase für die BEKB als Anbieter entschieden hat, geht es in der Service-Phase nun darum, ihm Produkte und Dienstleistungen zu verkaufen. Der erste Schritt besteht darin, die Geschäftsbeziehung zu eröffnen. Aufgrund der bereits durchgeführten Bedarfsabklärung ist schon bekannt, welche Angebote infrage kommen. Diese gilt es nun abzuschliessen, indem dem Kunden überzeugend aufgezeigt wird, wie sie seine Bedürfnisse abdecken.

Erforderliche Eigenschaften und Fähigkeiten eines Chatbots in der Service-Phase

Ein Chatbot mit einem entsprechenden technologischen Hintergrund ist in der Lage, eine Vielzahl von Bankdienstleistungen in der Service-Phase selbständig oder in Zusammenarbeit mit Menschen abzuwickeln. Aus den Kapiteln 3 und 4 ergeben sich die Rahmenbedingungen für eine derartige Lösung.

Zugänglichkeit eines Chatbots in der Service-Phase

Nachdem sich ein potentieller Kunde für eine Bank entschieden hat, kann ihm ein Chatbot dabei helfen, zuerst die Geschäftsbeziehung und anschliessend Bankprodukte zu eröffnen. Dabei stellt sich die Frage, wie auf den digitalen Assistenten zugegriffen werden kann. Die eigene Webseite mag ein geeigneter Standort für einen Bot zur Erfassung des neuen Kunden sein. Für die darauffolgende Eröffnung von Bankprodukten eigenen sich aber andere Kanäle besser. Denn derartige Transaktionen können nur in gesicherter Umgebung durchgeführt werden. Dasselbe gilt für die Abfrage und Übermittlung von persönlichen Daten. Anstatt den Kunden nun umständlich über einen öffentlich zugänglichen Chatbot zu identifizieren, implementieren viele Anbieter (wie beispielsweise die Bank Cler und die SGKB) ihre Assistenzsysteme in die hauseigene E-Banking-Applikation. Natürlich wäre auch eine Integration in das Web-E-Banking vorstellbar. Damit ist sichergestellt, dass die Benutzung des Chatbots erst nach einer Authentifizierung erfolgen kann.

Technologie eines Chatbots in der Service-Phase

An einen Chatbot zur Eröffnung von Produkten und zur Abfrage von persönlichen Bankinformationen werden hohe technologische Anforderungen gestellt. So muss er im Optimalfall über Schnittstellen zu den produktiven Banksystemen verfügen, um Transaktionen durchzuführen und Kundendaten abzurufen. Auf der anderen Seite besteht auch die Möglichkeit, zu Lasten eines durchgehend automatisierten Prozesses menschliche Unterstützung beizuziehen. Der Chatbot könnte also nach der Entgegennahme von Kundenanweisungen einen Bankangestellten per E-Mail um die Ausführung eines Auftrags bitten.

Erneut stellt sich in dieser Phase die Frage nach dem Einsatz von KI. Wenn die durch den Chatbot angebotenen Funktionen sehr stark vorstrukturiert und dementsprechend eingeschränkt sind, ist eine regelbasierte Lösung denkbar. Allerdings sind die meisten auf dem Markt verfügbaren Lösungen KI-basiert. Dazu gehören insbesondere die Microsoft Azure Bot Services (vgl. Raiffeisens Casalino) und IBMs Watson Assistant (vgl. Carl von der Bank Cler sowie UBS Companion), aber auch die Lösungen der weniger bekannten Anbieter ELCA (vgl. PostFinance Assistant), Spitch (vgl. SGKB Finanzassistent) und Inbenta (vgl. CS Assistent).

Neben den reaktiven Aktionen, die erst nach einer Kontaktaufnahme durch den Kunden erfolgen, könnte ein Chatbot in der Service-Phase auch proaktiv handeln. Durch regelmässig gesendete und auf das Kundenprofil zugeschnittene Produktewerbung mit direkter Bestellmöglichkeit würde beispielsweise Verkaufsförderung betrieben. Von dieser Option macht bisher keine der betrachteten Lösungen Gebrauch. Der Chatbot der Bank Cler hat zwar bereits proaktive Fähigkeiten. Diese nutzt er jedoch nur für Tipps und Hinweise (z. B. Fälligkeit der Steuererklärung).

Bei einer Betrachtung des Chatbot-Vergleichs (siehe 4.2.6) fällt auf, dass die Schweizer Banken sehr zurückhaltend bezüglich der Implementierung von komplexeren Funktionen in ihre Chatbots sind. So ist der Finanzassistent der SGKB als einzige der untersuchten produktiven Lösungen in der Lage, auf persönliche Kundendaten zuzugreifen. Darüber hinaus konnte ausschliesslich der UBS

Companion Transaktionen durchführen – allerdings nur während einer mittlerweile beendeten Testphase. Auch der Plan von Raiffeisen, der einen neuen Chatbot zur Adressänderung vorsieht, scheint nicht gerade bahnbrechend zu sein.

Es lässt sich festhalten, dass bei Schweizer Finanzinstituten hinsichtlich der eingesetzten Chatbot-Funktionalitäten noch viel Potential besteht. Gerade die hochentwickelten Systeme von Microsoft und IBM würden deutlich anspruchsvollere Einsatzmöglichkeiten zulassen. Diese reichen von der Kontoeröffnung über die Terminvereinbarung bis hin zur Zahlungsausführung.

Persönlichkeit eines Chatbots in der Service-Phase

Auch in der Service-Phase ist eine Humanisierung des Chatbots empfehlenswert. Dadurch soll bewirkt werden, dass der Kunde Vertrauen in das System gewinnt. Das Erscheinungsbild des digitalen Assistenten sollte sich dabei möglichst an der Zielgruppe orientieren, welche mehrheitlich aus jüngeren Kunden besteht. Diese sind mit der Technologie aufgewachsen und haben ihr gegenüber wenige bis gar keine Vorbehalte.

Von den im Konkurrenzvergleich analysierten Lösungen haben diejenigen der PostFinance, der SGKB und der Credit Suisse weder Namen noch Avatar. Zu den Instituten, die ihren Bots Persönlichkeiten verpasst haben, gehören hingegen die Bank Cler, die UBS sowie die Raiffeisen. Die UBS hat dabei am meisten Aufwand betrieben, indem sie einen realen Mitarbeitenden aufwändig digitalisieren liess. Tendenziell lässt sich feststellen, dass namenlose Systeme vorwiegend einfachere Anliegen behandeln, während benannte Assistenten oft anspruchsvollere Funktionalitäten bereitstellen.

Für die Kommunikation mit der im Fokus stehenden jüngeren Generation bietet sich eine unkomplizierte, einfach verständliche Ausdrucksweise an, die sich auf das Wesentliche konzentriert. Es macht ebenfalls Sinn, verschiedene Sprachen zu berücksichtigen. Viele der bestehenden Schweizer Banken-Chatbots beherrschen beispielsweise neben Hochdeutsch auch Französisch. Die SGKB hebt sich in dieser Kategorie besonders hervor: Ihr Bot versteht sogar schweizerdeutsche Anfragen.

Datenschutz und Sicherheit eines Chatbots in der Service-Phase

Wenn über einen Chatbot Konten eröffnet und persönliche Daten übermittelt werden, ist dem Datenschutz und der Systemsicherheit eine hohe Bedeutung beizumessen. Schnittstellen zu produktiven Banksystemen können ein Risiko darstellen und unsichere Datenspeicherorte gefährden die Privatsphäre der Kunden. Entsprechende Vorkehrungen sind unumgänglich.

In jedem Fall muss ein integrierter oder gar transaktionsfähiger digitaler Assistent vor unbefugtem Zugriff geschützt werden. Eine gute Lösung für dieses Problem ist die Implementation des Bots in das bestehende E-Banking-System. So durchläuft der Kunde die bewährte Zugangskontrolle. Dieses Vorgehen hat beispielweise die SGKB mit ihrem Finanzassistenten gewählt, der Kontendaten abrufen kann.

Des Weiteren ist auf den Umgang mit den Kundendaten zu achten. Technologieanbieter speichern die mit den Kunden geführten Konversationen meist in ihren eigenen Datenbanken. Diese müssen mit den geltenden, rechtlichen Bestimmungen in Einklang stehen. Vorbildlich handelt hier die SGKB: Sie verzichtet auf die Speicherung der aufgenommenen Audiodateien.

Bankfachliche Anwendungsmöglichkeiten eines Chatbots in der Service-Phase

Von den in der Einleitung festgelegten, in dieser Arbeit betrachteten Bankdienstleistungen lassen sich die folgenden vier in die Service-Phase eingliedern.

Eröffnung der Geschäftsbeziehung (siehe Abschnitt 2.1)

Hierbei geht es um die formelle Aufnahme der geschäftlichen Beziehung zwischen der BEKB und dem Kunden. Zu diesem Zweck wird der Kunde zuerst anhand eines Ausweises identifiziert. Anschliessend werden seine persönlichen Daten erfasst und benötigte Formulare ausgefüllt und unterzeichnet. Das wichtigste Dokument ist dabei der Basisvertrag, der auch die Zeichnungsrechte enthält.

Michael Muster, unserer Persona, ist die digitale Ausgestaltung der Bankprozesse wichtig. Daher ist davon auszugehen, dass er eine Online-Eröffnung der Geschäftsbeziehung schätzen würde. Es bestehen bereits mehrere entsprechende Angebote. Banken wie die UBS (UBS AG, 2019), die Valiant (Valiant Bank AG, 2019) und Raiffeisen (Raiffeisen Schweiz, 2019b) ermöglichen alle eine Eröffnung der Geschäftsbeziehung über das Internet. Dafür wird jeweils über ein Videogespräch mit einem Mitarbeitenden die Kundenidentifikation durchgeführt.

Ein Chatbot könnte die Aufnahme der Geschäftsbeziehung durchaus unterstützen. Solange die Identifikation der Kunden per Video erfolgen muss, ist eine vollautomatische Abwicklung zwar nicht möglich. In der Funktion als Initiator der Videositzung nach vorgängig geleisteter Überzeugungsarbeit wäre er aber dennoch von grossem Nutzen. Ausserdem könnte der Bot alle Kundenangaben und -dokumente an die Bank übermitteln und weiterverarbeiten, sodass sich der Mitarbeitende nicht selbst um die Protokollierung des Geschäfts oder die Archivierung der Unterlagen kümmern muss.

Geht man zudem davon aus, dass in Zukunft für die Identifikation bereits eine Videoaufnahme des eigenen Gesichts ausreichen wird, fällt die menschliche Beteiligung am Eröffnungsprozess komplett weg. Der Chatbot könnte dann ein entsprechendes Video von Michael entgegennehmen und dieses mit einem Scan seines Ausweises abgleichen. Bei einer Übereinstimmung stünde einer vollständig digitalisierten Abwicklung nichts mehr im Wege.

Eröffnung von Konten und Zusatzprodukten (siehe Abschnitt 2.3)

Sobald die Geschäftsbeziehung besteht, kann der Kunde Bankprodukte eröffnen. Beispiele dafür sind Konten, Zahlungskarten und Tresorfächer. Hat sich der Kunde für ein Angebot entschieden, nimmt die BEKB seinen Eröffnungsauftrag entgegen und prüft vor der Ausführung allfällige Abgabekriterien. Je nach Art des gewünschten Produktes sind noch Dokumente auszustellen.

Durch die Bedarfsabklärung in der vorherigen Phase wurde in Erfahrung gebracht, dass Michael Muster ein regelmässiges Einkommen erzielt, wovon er regelmässig Beträge beiseitelegen kann. Ein Chatbot könnte Michael dabei helfen, seine diesbezüglichen Bedürfnisse abzudecken. So wäre ein technologisch fortschrittliches System in der Lage, passende Lösungen wie ein Privat- und ein Sparkonto mit zugehörigen Karten proaktiv zu empfehlen und Abschlussentscheide von Michael entgegenzunehmen. Unter der Voraussetzung, dass der digitale Assistent transaktionsfähig ist und über eine Anbindung an die Banksysteme verfügt, kann die Eröffnung der Produkte dann vollständig automatisiert erfolgen. Verfügbare Chatbot-Systeme wie jenes von IBM belegen, dass solche Einsatzszenarien bereits möglich sind.

Ein derartiger Prozess würde alle manuellen Arbeitsschritte eliminieren, die normalerweise mit der Eröffnung von Bankprodukten einhergehen. Abgabebedingungen wie Bonitätskriterien für Zahlungskarten könnten automatisch anhand der verfügbaren Kontendaten überprüft werden und Eröffnungsdokumente liessen sich direkt im Chat bereitstellen. Eine allenfalls benötigte Kundenunterschrift für den Abschluss von Verträgen könnte eingescannt und über den Chatbot hochgeladen werden. Ausserdem liessen sich durch das System Dokumente und Informationen mit externen Beteiligten austauschen.

Erstellen des Anlageprofils (siehe Abschnitt 2.4)

Möchte der Kunde in Wertschriften investieren und dabei von der BEKB beraten werden, ist zwingend ein Anlageprofil zu erstellen. Dabei handelt es sich um einen mehrseitigen Fragebogen zur Ermittlung einer persönlichen Anlagestrategie. Insgesamt stehen fünf Strategien zur Auswahl, die sich durch unterschiedlich hohe Aktienanteile auszeichnen.

Michael möchte sein Vermögen nicht nur auf dem Sparkonto ansammeln, sondern auch investieren. Zu diesem Zweck muss basierend auf seiner Risikofähigkeit und -bereitschaft eine Anlagestrategie bestimmt werden. Dies ist eine Aufgabe, die besonders gut automatisiert werden kann. Denn zur Ermittlung der persönlichen Anlagestrategie werden lediglich einige Fragen mit vorgegebenen Antwortmöglichkeiten gestellt (siehe Anhang A; S. 70). Die Antworten darauf liessen sich problemlos durch einen Chatbot in Erfahrung bringen. So könnte der digitale Assistent basierend auf Michaels Anlagehorizont, seinem Verhalten bei Kursschwankungen, den Renditeerwartungen und den Marktkenntnissen eine Einteilung in die Anlagestrategie Energie vornehmen. Dadurch dürfte sein Wertschriftendepot zu 60 bis 80 % aus Aktien bestehen.

Antragsstellung für Finanzierung (siehe Abschnitt 2.5)

Um ein Eigenheim über die BEKB zu finanzieren, können Kunden ein Finanzierungsgesuch stellen. Dafür sind zahlreiche Unterlagen zu der betreffenden Liegenschaft oder zum geplanten Neubau einzureichen. Auch persönliche Dokumente des Antragsstellers werden eingefordert. Das Gesuch wird danach eingehend geprüft. Nach erfolgter Bewilligung wird dem Kunden eine Offerte mit verschiedenen Finanzierungsvarianten unterbreitet, wovon er eine auswählen kann.

Der Erwerb von Wohneigentum ist ein Traum, den sich Michael Muster gerne erfüllen möchte. Von seiner fortschrittlichen Bank erwartet er eine unkomplizierte Möglichkeit, eine Hypothek zu beantragen. Erneut könnte ein Chatbot dabei wertvolle Dienste leisten. Dies hat die Raiffeisen mit ihrem Casalino demonstriert, der während seiner Testphase Hypotheken berechnen und Fragen zum Thema Wohnen beantworten konnte. Damit hat er aber nur einen kleinen Teil des Finanzierungsprozesses abgewickelt. Denkbar wäre eine deutlich weitreichendere Abdeckung.

Im Rahmen der Gesuchsstellung muss Michael der BEKB viele Unterlagen zu seiner Person und zum zu finanzierenden Gebäude bereitstellen. Dazu gehören etwa ein Lohnausweis, Steuererklärungen, ein Kaufvertrag und Liegenschaftsfotos. Ein Chatbot könnte diese Dokumente einfordern und elektronisch in den Banksystemen ablegen. Anhand der dadurch erhaltenen Informationen über das Einkommen und den Kaufpreis könnte der Assistent unter Angabe der verfügbaren Eigenmittel eine Tragbarkeitsberechnung durchführen. Ein positives Ergebnis liesse die direkte Unterbreitung einer Finanzierungsofferte im Chatfenster zu.

5.1.3 Post-Service-Phase

Nachdem eine Dienstleistung erbracht oder ein Produkt verkauft bzw. eröffnet wurde, beginnt die Post-Service-Phase der Customer Journey. Sie befasst sich mit Fragen, die bei der Produkteverwendung aufkommen, mit Rücksendungen oder mit Weiterempfehlungen. Auch vom Verkäufer ausgehende Interaktionen wie Zufriedenheitsbefragungen oder personalisierte Newsletter fallen in diese Kategorie (Rosenbaum u. a., 2017). Das Ziel besteht darin, den Kunden zu halten und zum erneuten Kauf anzuregen (Lemon & Verhoef, 2016).

Bedeutung der Post-Service-Phase für die Persona und die BEKB

Wenn die Persona in der Service-Phase mit der Qualität der Angebote und dem Digitalisierungsgrad der Abwicklungsprozesse bei der BEKB zufrieden war, ist davon auszugehen, dass sie neben der Eröffnung eines Privat- und Zahlungskontos mit Karte auch Wertschriften erworben und eine Finanzierung beantragt hat. Daraufhin verläuft der Übergang in die Post-Service-Phase fliessend. Treten im Zusammenhang mit der Verwendung der Bankprodukte Probleme auf, stellen sich Fragen oder wünscht die Persona eine bankfachliche Beratung, erwartet sie von der BEKB sofortige Unterstützung. Diese möchte sie zu jeder Tageszeit und auch unterwegs in Anspruch nehmen können. Einen Termin vereinbart sie überdies nur ungern, da sie beruflich und privat stark ausgelastet ist.

Die BEKB muss sich in der Post-Service-Phase an den Vorstellungen der Persona orientieren, um sie zufriedenzustellen und die Kundenbindung langfristig zu festigen. Dieses Ziel kann sie erreichen, indem sie den Kunden während der gesamten Dauer der Geschäftsbeziehung begleitet und ihm passende Dienstleistungen zur Verfügung stellt.

Erforderliche Eigenschaften und Fähigkeiten eines Chatbots in der Post-Service-Phase

An einen Chatbot, der die Post-Service-Phase abdeckt, stellen sich im Wesentlichen dieselben Anforderungen wie an sein Pendant in der davorliegenden Service-Phase. Es ist gut möglich, dass es sich dabei sogar um die gleiche Lösung handelt. Aus diesem Grund werden nachfolgend die Eigenschaften in wenigen Sätzen rekapituliert.

Zugänglichkeit eines Chatbots in der Post-Service-Phase

In der Post-Service-Phase muss ein Chatbot auf persönliche Kunden- und Bankdaten zugreifen und Anpassungen an bestehenden Bankprodukten durchführen können. Deshalb kann vor der Benutzung nicht auf eine Authentifizierung verzichtet werden. Am besten wird deshalb auch hier eine Integration in das E-Banking vorgenommen.

Technologie eines Chatbots in der Post-Service-Phase

Die technologischen Anforderungen an einen Chatbot, der persönliche Daten abrufen und Transaktionen abwickeln kann, sind hoch. Von grundlegender Wichtigkeit sind Schnittstellen zu den Banksystemen. Zusätzlich macht es bei einem derart vielseitigen Einsatzgebiet wie der Betreuung bestehender Kunden Sinn, künstliche Intelligenz einzusetzen. Der erforderliche Aufwand, um sämtliche mögliche Anfragen regelbasiert abzuwickeln, wäre immens. Ausserdem wären proaktive Fähigkeiten des Bots von Vorteil. Auf diese Art und Weise könnte der Kunde zum Beispiel über Störungen oder Veränderungen informiert oder auch um Rückmeldungen gebeten werden.

Persönlichkeit eines Chatbots in der Post-Service-Phase

Für einen Chatbot, der als erste Anlaufstelle bei Anliegen während der Produkteverwendung wahrgenommen werden möchte, ist es besonders wichtig, sich mit dem Kunden vertraut zu machen und eine Beziehung zu ihm aufzubauen. Dies gelingt am ehesten, wenn der digitale Assistent über einen Namen und ein Erscheinungsbild verfügt. Dadurch verliert er seine maschinelle Komponente und wird als vertrauenswürdiger wahrgenommen. Nach wie vor sollte der Bot zudem mehrsprachig sein. Ansonsten wird ihn ein Teil der Zielgruppe wohl ungeachtet seiner Funktionalitäten nicht verwenden.

Datenschutz und Sicherheit eines Chatbots in der Post-Service-Phase

Der Schutz der Daten sowie die Sicherheit des Chatbot-Systems an sich sind von hoher Wichtigkeit, da die übermittelten Daten oft persönlicher Natur sind und das System über Schnittstellen zu produktiven Banksystemen verfügt. Es ist daher zwingend notwendig, den Datenumgang von allfälligen externen Softwareanbietern abzuklären und Schnittstellen auf Schwachstellen zu überprüfen.

Bankfachliche Anwendungsmöglichkeiten eines Chatbots in der Post-Service-Phase

Zu den in der Post-Service-Phase abzuwickelnden Dienstleistungen der BEKB zählen die in Kapitel 2.6 näher beschriebenen Beispiele. Dabei handelt es sich um die Abfrage des Kontostandes, um Fragen zu Wechselkursen und um durchzuführende Adressänderungen. Natürlich gibt es daneben unzählige weitere mögliche Anliegen.

Sämtliche der genannten Aufträge könnten unter Einsatz bereits verfügbarer Technologien durch einen virtuellen Assistenten ausgeführt werden. Dabei ist auch mit einem Geschwindigkeitszuwachs gegenüber der herkömmlichen Abwicklungsart zu rechnen.

Möchte sich Michael Muster über seinen Saldo oder die letzten Kontoabbuchungen informieren, könnte er den Bot einfach per Sprachbefehl danach fragen. Dies funktioniert mit der Lösung der SGKB sogar auf Schweizerdeutsch. Auch Raiffeisen arbeitet mit dem RAI Bot an einem Assistenten, der Auskunft über Kontostände geben können soll.

Reist Muster wieder einmal geschäftlich ins Ausland, benötigt er Fremdwährungen. Ein Chatbot mit Zugang zu den entsprechenden Marktdaten könnte ihn problemlos über die aktuellen Wechselkurse aufklären. Ebenfalls wäre es möglich, Muster die Heimlieferung von Noten anzubieten.

Auch eine Änderung seiner Adresse oder Telefonnummer könnte er über den Chatbot veranlassen. Nach der Entgegennahme der aktuellen Angaben würde der Bot die bisherigen Daten selbständig überschreiben und die Änderung protokollieren. Dazu soll zum Beispiel der eben erwähnte RAI Bot bei seiner baldigen Einführung ebenfalls in der Lage sein.

5.2 Beantwortung der initialen Fragestellungen

Die in der Einleitung formulierten initialen Fragestellungen im Zusammenhang mit der Einführung von Chatbot-Selfservices bei der BEKB können auf der Basis der in der Thesis erarbeiteten Erkenntnisse weitgehend beantwortet werden.

Inwieweit kann ein Chatbot die fachlichen Anforderungen der Bankdienstleistungen erfüllen?

Die fortschrittlichsten Chatbot-Technologien, die derzeit verfügbar sind, können theoretisch sämtliche in der Einleitung festgelegten Bankdienstleistungen abwickeln. Dafür wird vorausgesetzt, dass die Chatbots über Schnittstellen vollständig mit den Banksystemen integriert werden und Transaktionen durchführen können.

Rechtliche Schranken wie die vorgeschriebene persönliche Identifikation anlässlich der Eröffnung einer Geschäftsbeziehung können aber eine vollständig automatisierte Umsetzung gewisser Prozesse in der Praxis verhindern.

Weiterführende Informationen zu den bankfachlichen Anwendungsmöglichkeiten von Chatbots sind in Kapitel 5.1 verfügbar.

Ist es aus prozessorientierter Betrachtung sinnvoll, die Bankdienstleistungen durch einen Chatbot zu ergänzen?

Alle untersuchten Bankdienstleistungen nach Festlegung in der Einleitung könnten durch einen Chatbot effizienter abgewickelt werden, als dies momentan der Fall ist. Die Customer Journey in Kapitel 5.1 liefert dazu detaillierte Erklärungen. Aus dieser Perspektive wäre es daher sinnvoll, Chatbots einzusetzen.

Jedoch müssen dabei unbedingt die Bedürfnisse der unterschiedlichen Zielgruppen berücksichtigt werden. Der weitgehende Verlust der zwischenmenschlichen Komponente und der zunehmende Digitalisierungsgrad dürften gerade der älteren Kundschaft Probleme bereiten.

Kann die BEKB die grundlegenden Rahmenbedingungen für den Einsatz eines Chatbots erfüllen?

Basierend auf den Erkenntnissen aus Kapitel 3 lässt sich festhalten, dass die BEKB die Rahmenbedingungen für den Einsatz eines Chatbots erfüllen kann. Dies gilt insbesondere für einfachere Szenarien, was sich durch Tatsache belegen lässt, dass die Bank bereits einen solchen Chatbot betreibt (vgl. 3.2.1).

Für anspruchsvollere Einsatzszenarien wird empfohlen, die Umsetzbarkeit in Zusammenarbeit mit einem externen Lösungsanbieter zu prüfen.

Wie weit fortgeschritten sind die Mitbewerber, was den Einsatz von Chatbots anbelangt?

Aus der Mitbewerberanalyse geht hervor, dass momentan die folgenden Schweizer Banken Chatbots im produktiven Geschäft einsetzen: PostFinance, Bank Cler, SGKB, Credit Suisse. Die ersten Lösungen waren ab 2017 verfügbar. Während die Lösung der SGKB als einziges der betrachteten, aktiven Systeme auf persönliche Kundendaten zugreifen kann, dienen die restlichen digitalen Assistenten lediglich der allgemeinen Informationsbereitstellung. Es fällt auf, dass keiner der Chatbots Transaktionen durchführen kann und alle künstliche Intelligenz einsetzen.

Die detaillierte Analyse der einzelnen Konkurrenzsysteme ist zusammen mit einem übersichtlichen Vergleich der Lösungen in Kapitel 4 ersichtlich.

Wie lautet die Empfehlung an die BEKB bezüglich eines Einsatzes von Chatbots?

Bezüglich einer Einführung von Chatbots zur Abwicklung von Bankdienstleistungen sind zahlreiche Aspekte zu berücksichtigen (vgl. 5.1).

Um den Grossteil der Prozesse selbständig abwickeln zu können, muss der Bot Transaktionen durchführen können. Dafür sind zwingend Schnittstellen zu produktiven Banksystemen notwendig, wodurch die Komplexität und die Anfälligkeit des Systems steigen.

Anspruchsvolle Einsatzszenarien sind nur durch die Verwendung von Lösungen externer Anbieter realisierbar. In diesem Zusammenhang drängen sich Datenschutz- und Kostenfragen auf.

Regulatorische Bestimmungen verhindern die digitalisierte Abwicklung gewisser Prozesse. Im Hinblick darauf ist fraglich, ob sich die Investition in eine Lösung lohnt, von deren Leistungsumfang nicht vollumfänglich Gebrauch gemacht werden kann.

Die meisten auf dem Markt verfügbaren Lösungen setzen KI ein. Soll auf diese Technologie verzichtet werden, könnte sich die Suche nach einem geeigneten externen Anbieter schwierig gestalten. Auch wären in diesem Fall viele Einsatzszenarien wohl nicht realisierbar.

Die Akzeptanz einer Chatbot-Lösung zur Abwicklung von Bankgeschäften wurde im Rahmen dieser Arbeit nicht explizit untersucht. Es ist davon auszugehen, dass die Bereitschaft, ein solches System zu verwenden, unter den Kunden stark variiert.

Zusammenfassend lässt sich der BEKB empfehlen, eine transaktionsfähige, in die Systemlandschaft integrierte Chatbot-Lösung eines externen Anbieters zu prüfen. Von einer Investition sollte jedoch abgesehen werden, wenn die Kosten[5] unter Berücksichtigung der einzusetzenden Funktionalität und der erwarteten Kundenakzeptanz unangemessen hoch erscheinen.

[5] Kostenschätzungen für Banken-Chatbots reichen von CHF 500'000.00 für einfache Szenarien bis zu CHF 5 Mio. für komplexe Systeme (Gerber, 2018b).

6 Fazit und Ausblick

Indem sich diese Arbeit differenziert mit den Möglichkeiten und dem Nutzen einer Überführung von bisher wenig automatisiert abgewickelten Bankdienstleistungen in Selfservices auseinandersetzt, legt sie das ganzheitliche Potential von Chatbots im Bankgeschäft auf eindrückliche Weise dar. In Anbetracht der Tatsache, dass die fortschrittlichsten Systeme bereits in der Lage sind, einen Grossteil der Bankgeschäfte ohne Beteiligung von Menschen abzuwickeln, ist es auch für die BEKB an der Zeit, sich Gedanken über das diesbezügliche Vorgehen zu machen.

In den Ergebnissen der Anforderungsanalyse der Bankdienstleistungen kommt deutlich zur Geltung, dass zahlreiche Abläufe noch stark auf langwierigen, manuellen Arbeitsschritten beruhen, die zudem häufig die Anwesenheit des Kunden erfordern. Natürlich hat die persönliche Kommunikation auch ihre guten Seiten, aber gerade bei wenig komplexen, repetitiven Tätigkeiten führt sie oft zu Ineffizienzen. Diese lassen vielerorts den Wunsch nach mehr Digitalisierung in den Prozessen aufkommen.

Die Rahmenbedingungen und Anforderungen lassen den Schluss zu, dass eine Einführung von Chatbots zur Abwicklung von Bankdienstleistungen für die BEKB grundsätzlich machbar ist. Einerseits erfüllt die Bank die grundlegenden Voraussetzungen für einen Einsatz von Chatbots, andererseits werden die geforderten Funktionalitäten und Eigenschaften von den verfügbaren Technologien abgedeckt.

Letzteres wird durch die Konkurrenzanalyse nachgewiesen. Diese demonstriert die weitreichenden Anwendungsszenarien der hochentwickelten Chatbot-Lösungen grosser Anbieter, die oftmals im Praxiseinsatz noch nicht ausgeschöpft werden. In der Schweiz hat beispielsweise noch keiner der betrachteten Mitbewerber der BEKB einen transaktionsfähigen digitalen Assistenten im produktiven Einsatz.

Im konzeptionellen Lösungsvorschlag wird bewusst eine Lösung erdacht, die von der ganzen Funktionalität moderner Systeme Gebrauch macht und das Lösungsspektrum vollständig ausreizt. Dadurch wird die Wirkungsweise eines komplett integrierten, maximal leistungsfähigen Banken-Chatbots unter idealen Bedingungen wahrnehmbar. Obwohl eine solche Implementierung aus Kostengründen für eine mittelgrosse Bank wohl nur schwer realisierbar wäre, würde sie dennoch benötigt, um einen Grossteil der Bankdienstleistungen abzuwickeln. Denn ohne Schnittstellen zu den Banksystemen können keine Transaktionen ausgeführt und keine Kundendaten abgerufen werden. Und wenn ein Chatbot nicht transaktionsfähig ist und nicht auf persönliche Daten zugreifen kann, werden seine Fähigkeiten auf das Bereitstellen von allgemeinen Informationen beschränkt.

Mit diesem Dokument wird ein grundlegendes Konzept für den Einsatz von Chatbot-basierten Selfservices bei der BEKB bereitgestellt. Der nächste Schritt auf dem Weg zu deren Einführung besteht in der Bestimmung des abzudeckenden Funktionsumfangs. Je nach Funktionalität kommen unterschiedliche Softwareanbieter infrage. Soll die Lösung mit den internen Banksystemen integriert werden, ist in einer weiteren Phase eine detaillierte technische Spezifikation der Schnittstellen auszuarbeiten. Anschliessend können Offerten von den Anbietern eingeholt werden.

Vor einer Entscheidungstreffung für ein bestimmtes System sollten zudem weitere Nachforschungen hinsichtlich der Akzeptanz von Chatbots unter Bankkunden angestellt werden. Zum jetzigen Zeitpunkt ist es schwierig zu beurteilen, wie hoch diese über unterschiedliche Dienstleistungen und Kundengruppen hinweg ausfällt.

Abschliessend lässt sich festhalten, dass Chatbots für Banken eine wichtige Gelegenheit darstellen, um auf das sich verändernde Umfeld zu reagieren. Während durch den Einsatz neuer Technologien in der Finanzbranche regionale Grenzen zunehmend schwinden und der Preisdruck steigt, ist es wichtig, nicht den Anschluss zu verlieren (Gerber, 2018a). Mit Chatbots könnte dieser Entwicklung Rechnung getragen werden.

Literaturverzeichnis

Azizi, A. (2019). Prozess 4.2.1.1.2: Eröffnung Zeichnungsrechte bearbeiten. Unveröffentlichtes Dokument. Berner Kantonalbank AG, Schweiz.

Bank Cler AG. (2018, Februar 27). Die Bank Cler lanciert die erste Smartphone-Bank der Schweiz. Abgerufen von https://www.cler.ch/de/blog/medien/2018/02/26/27022018/

BEKB AG. (2018). Betreuungskonzept Privat- und Geschäftskunden. Unveröffentlichtes Dokument. Berner Kantonalbank AG, Schweiz.

BEKB AG. (2019a). Finanzieren: Checkliste für Ihr Finanzierungsgespräch. Unveröffentlichtes Dokument. Berner Kantonalbank AG, Schweiz.

BEKB AG. (2019b). Finanzieren: Stellen Sie die Finanzierung Ihres Eigenheims langfristig sicher. Unveröffentlichtes Dokument. Berner Kantonalbank AG, Schweiz.

BEKB AG. (2019c). Finanzieren: Finanzierungsofferte. Unveröffentlichtes Dokument. Berner Kantonalbank AG, Schweiz.

BEKB AG. (2019d). Kredithandbuch. Unveröffentlichtes Dokument. Berner Kantonalbank AG, Schweiz.

BEKB AG. (2019e, Juli 9). 19 06 Millennial WS Pitches 1 [YouTube]. Abgerufen von https://www.youtube.com/watch?v=YiU77zsH4-I&feature=youtu.be

BEKB AG. (2019f, Juli 9). 19 06 Millennial WS Pitches 2 [YouTube]. Abgerufen von https://www.youtube.com/watch?v=btcTRTu28-w&feature=youtu.be

BEKB AG. (2019g). BEKB-Niederlassungen und -Bancomaten finden. Abgerufen von https://www.bekb.ch/de/services/support/standorte

BEKB AG. (2019h). Unsere Mission und strategischen Grundsätze. Abgerufen von https://www.bekb.ch/die-bekb/portraet/strategie

Berger, T., & Sallin, M. (2018). Kick off zum Projekt Chatbot Studierende. Unveröffentlichtes Dokument. GARAIO AG, Schweiz.

Credit Suisse AG. (2019). Virtueller Assistent. Abgerufen von https://www.credit-suisse.com/ch/de.html

Dietrich, A. (2018, Juni 13). Die Credit Suisse lanciert als erste Schweizer Bank eine personalisierte Website [Blog]. Abgerufen von https://blog.hslu.ch/retailbanking/2018/06/13/die-credit-suisse-lanciert-als-erste-schweizer-bank-eine-personalisierte-website/

Fretz, R. (2019). Prozess 4.1.1.3: Partner eröffnen. Unveröffentlichtes Dokument. Berner Kantonalbank AG, Schweiz.

Gerber, S. (2018a, Februar 27). Bringt Cler den Schweizer Bankenplatz auf Zak? Abgerufen von https://www.finews.ch/news/banken/30841-bank-cler-bkb-zak-mobile-app

Gerber, S. (2018b, März 9). Die überschätzten Roboter. Abgerufen von https://www.finews.ch/news/banken/30995-chatbots-cs-ubs-swissquote-cler-postfinance-amelia-carl-rose

Gmür, M. (2017). Checkliste 31 1 00 01: Neues Anlageprofil als Extranet-Lösung. Unveröffentlichtes Dokument. Berner Kantonalbank AG, Schweiz.

Gmür, M. (2018). Weisung 31 W01: Anlagepolitik / Vermögensberatung / Vermögensverwaltung. Unveröffentlichtes Dokument. Berner Kantonalbank AG, Schweiz.

Hundertmark, S. (2019a, Februar 2). Chatbots – Erwartungen klar definieren, Enttäuschungen vermeiden! [Blog]. Abgerufen von https://hundertmark.ch/2019/02/02/chatbots-erwartungen-klar-definieren-enttauschungen-vermeiden/

Hundertmark, S. (2019b, März 21). Chatbots entlang der Customer Journey: Was ist bereits möglich und was wird in Zukunft möglich sein? Abgerufen von https://morethandigital.info/chatbots-entlang-der-customer-journey/

IBM. (2019). How to build a chatbot for your business. Abgerufen von https://www.ibm.com/watson/how-to-build-a-chatbot

Inbenta Technologies Inc. (2019). The Ultimate Enterprise Chatbot. Abgerufen von https://www.inbenta.com/en/products/chatbot/

Infanger, D. (2018). Prozess 42 4 01: Kreditkartenbestellung BITS (natürliche Personen). Unveröffentlichtes Dokument. Berner Kantonalbank AG, Schweiz.

inside-it.ch. (2018, Juli 3). UBS zeigt den digitalen Kundenberater. Abgerufen von https://www.inside-it.ch/articles/51568

inside-it.ch. (2019, Juni 14). Die St. Galler Kantonalbank ist nun via Spitch auch Dialekt-fähig. Abgerufen von https://www.inside-it.ch/articles/54721

Jeker, S. (2019, Januar 16). Innovationen auf den Boden bringen – agil geht das, oder? Abgerufen von https://www.slideshare.net/StefanJeker1/innovationen-auf-den-boden-bringen-agil-geht-das-oder

Kampik, T. (2019, Juni 25). Hands on customer journey maps modeling. Abgerufen von https://www.signavio.com/post/customer-journey-maps-modeling/

Kennedy, O. (2019, Februar 25). Sind Chatbots die Zukunft des Bankwesens? [Blog]. Abgerufen von https://enigma.swiss/de/blog/chatbotszukunft-bankwesen/

Kusber, R. (2017). Chatbots–Conversational UX Platforms. In Innovationen und Innovationsmanagement in der Finanzbranche (pp. 231-244). Springer Gabler, Wiesbaden.

Lemon, K. N., & Verhoef, P. C. (2016). Understanding customer experience throughout the customer journey. Journal of marketing, 80(6), 69-96.

Letheren, K., & Dootson, P. (2017). Banking with a chatbot: A Battle between convenience and security. The Conversation.

Leuenberger, R. (2017a). Prozess 5.1.1.1: Eigenheimfinanzierung beraten. Unveröffentlichtes Dokument. Berner Kantonalbank AG, Schweiz.

Leuenberger, R. (2017b). Prozess 5.1.2.1: Neue Finanzierung abschliessen. Unveröffentlichtes Dokument. Berner Kantonalbank AG, Schweiz.

Leuenberger, R. (2017c). Prozess 4.1.1.2: Akquisitionsgespräch durchführen. Unveröffentlichtes Dokument. Berner Kantonalbank AG, Schweiz.

Leuenberger, R. (2017d). Prozess 6.1.2.1.1.1: Basisprodukt eröffnen. Unveröffentlichtes Dokument. Berner Kantonalbank AG, Schweiz.

Leuenberger, R. (2017e). Prozess 6.1.2.1.2.1: Debitkarte eröffnen. Unveröffentlichtes Dokument. Berner Kantonalbank AG, Schweiz.

Leuenberger, R. (2017f). Prozess 6.1.2.1.2.2: Kredit-/Prepaid-Karte eröffnen (Privatkunden und Private Banking). Unveröffentlichtes Dokument. Berner Kantonalbank AG, Schweiz.

Leuenberger, R. (2017g). Prozess 6.1.2.1.4.1: Tresorfach eröffnen. Unveröffentlichtes Dokument. Berner Kantonalbank AG, Schweiz.

Leuenberger, R. (2017h). Prozess 5.2.1.1: Neue Finanzierung verarbeiten (Privatkunden). Unveröffentlichtes Dokument. Berner Kantonalbank AG, Schweiz.

Leuenberger, R. (2018). Prozess 7.1.1.1: Anlageberatung durchführen. Unveröffentlichtes Dokument. Berner Kantonalbank AG, Schweiz.

Lüthi, D. (2012). Arbeitsablauf 47 01: Safe-Vermietung. Unveröffentlichtes Dokument. Berner Kantonalbank AG, Schweiz.

Maag, C. (2019, Juni 17). Finanzassistent der St. Galler Kantonalbank versteht Schweizerdeutsch. Abgerufen von https://www.pctipp.ch/news/apps/artikel/finanzassistent-der-st-galler-kantonalbank-versteht-schweizerdeutsch-92286/?forcedesktop=1&cHash=b181c77e63adb231e84eb63a617aba19

Microsoft. (2019). Azure Bot Service: A managed service purpose-built for bot development. Abgerufen von https://azure.microsoft.com/en-us/services/bot-service/

Moser, S. (2016). Handbuch Kundencenter BEKB 451 04 03: Saldoanfrage/Kontobewegungen/Ersatzbelege. Unveröffentlichtes Dokument. Berner Kantonalbank AG, Schweiz.

Moser, S. (2017). Handbuch Kundencenter BEKB 451 03 13: Adressänderung. Unveröffentlichtes Dokument. Berner Kantonalbank AG, Schweiz.

PostFinance AG. (2017, November 28). PostFinance ist das erste Schweizer Finanzinstitut mit einem Chatbot. Abgerufen von https://www.postfinance.ch/de/ueber-uns/medien/newsroom/medienmitteilungen/postfinance-ist-das-erste-schweizer-finanzinstitut-mit-einem-chatbot.html

PostFinance AG. (2018, Oktober 26). Chatbot von PostFinance auf Französisch verfügbar. Abgerufen von https://www.postfinance.ch/de/ueber-uns/medien/newsroom/medienmitteilungen/chatbot-von-postfinance-auf-franzoesisch-verfuegbar.html

PostFinance AG. (2019). Chat mit dem digitalen Assistenten. Abgerufen von https://www.postfinance.ch/de/privat/support/chat.html

Raiffeisen Schweiz. (2018a, März 9). RAI Lab – Das Zukunftslabor von Raiffeisen. Abgerufen von https://www.raiffeisen.ch/blog/de/stream/rai-lab-zukunftslabor.html

Raiffeisen Schweiz. (2018b, Mai 9). Chatbot – Der persönliche Concierge. Abgerufen von https://www.raiffeisen.ch/blog/de/stream/chatbot-hellonina.html

Raiffeisen Schweiz. (2019a). Herzlichen Dank für Ihr Interesse an unserem Casalino. Abgerufen von https://www.raiffeisen.ch/casa/de/immobilienkauf/aktuelle-kaufangebote/chatbot-casalino/danke.html

Raiffeisen Schweiz. (2019b). RaiffeisenIdent – Konto online eröffnen. Abgerufen von https://www.raiffeisen.ch/rch/de/privatkunden/e-banking/raiffeisenident.html

Rosenbaum, M. S., Otalora, M. L., & Ramírez, G. C. (2017). How to create a realistic customer journey map. Business Horizons, 60(1), 143-150.

Ryser, A. (2016a). AHB H 00 9 10 20: Eröffnung Geschäftsbeziehungen und Sorgfaltspflichten: Identifizierungsrelevante Dokumente für natürliche Personen und Einzelfirmen. Unveröffentlichtes Dokument. Berner Kantonalbank AG, Schweiz.

Ryser, A. (2016b). AHB H 00 9 10 10: Eröffnung Geschäftsbeziehungen und Sorgfaltspflichten: Grundlagen. Unveröffentlichtes Dokument. Berner Kantonalbank AG, Schweiz.

Ryser, A. (2016c). AHB H 00 9 10 23: Eröffnung Geschäftsbeziehungen und Sorgfaltspflichten: Einzelne natürliche Person. Unveröffentlichtes Dokument. Berner Kantonalbank AG, Schweiz.

Schleier, J. (2019, Juni 19). Der Finanzassistent der SGKB versteht auch Schweizerdeutsch. Abgerufen von https://spitch.ch/de/blog/der-finanzassistent-der-sgkb-versteht-auch-schweizerdeutsch/

Schmid, F. (2019, April 2). KI bei Raiffeisen und lernen mit Chatbots. Abgerufen von https://www.bosshardpartner.ch/fileadmin/data/news/Bilder_Event/Key_Note_2019/KI_bei_Raiffeisen_und_lernen_mit_Chatbots_Fabian_Schmid.pdf

Schmid, M. (2018). Kredithandbuch 22 4 00: Hypotheken. Unveröffentlichtes Dokument. Berner Kantonalbank AG, Schweiz.

Scholtysik & Partner AG. (o. J.). Zak: radikal einfaches und schnelles Banking. Abgerufen von https://scholtysik.ch/projects/bank-cler-zak/

Schüpbach, Y., & Berger, T. (2018). Emma – der unkomplizierte Chatbot der BEKB (Reference Case). Bern, Schweiz: GARAIO AG. Abgerufen von https://www.garaio.com/Publikationen/News/EMMA---der-unkomplizierte%E2%80%AFChatbot%E2%80%AFfuer-Studierende

Short Corradi, R. (2014). Weisung 47 W01: Weisung Kundentresor / Safe. Unveröffentlichtes Dokument. Berner Kantonalbank AG, Schweiz.

Steffen, D. (2011). Checkliste 600 53 01 01: Unterschriften, Vollmachten. Unveröffentlichtes Dokument. Berner Kantonalbank AG, Schweiz.

Steffen, D. (2019). Prozess 4.2.1.1.1: Unterlagen bei Partnereröffnungen bearbeiten. Unveröffentlichtes Dokument. Berner Kantonalbank AG, Schweiz.

St. Galler Kantonalbank AG. (2019, Juli 11). Finanzassistent – neu mit Spracherkennung. Abgerufen von https://www.sgkb.ch/de/e-banking/finanzassistent

UBS AG. (2018, August 28). Artificial Intelligence: Exploring digital human assistants. Abgerufen von https://www.ubs.com/microsites/innovation/en/into-the-future/2018/exploring-digital-human-assistants.html

UBS AG. (2019). Konto online eröffnen. Abgerufen von https://www.ubs.com/ch/de/private/digital-banking/onboarding.html

Valiant Bank AG. (2019). So einfach geht Konto. Abgerufen von https://www.valiant.ch/de/online-kontoeroeffnung

von Felten, H. (2017). Weisung 42 W01: Weisung Kartenprodukte. Unveröffentlichtes Dokument. Berner Kantonalbank AG, Schweiz.

Wayblazer Inc. (2017). Rethink How You Advertise. Engage Your Audience with a Conversation. Abgerufen von https://www.wayblazer.ai/chatbotads/

Zihlmann, O. (2017). Weisung 00 9 W01: Anwendung von Standard-Kundenverträgen. Unveröffentlichtes Dokument. Berner Kantonalbank AG, Schweiz.

Glossar

BITS	BEKB-System zum Erfassen und Nachverfolgen von Aufträgen betreffend verschiedenster Kundenprodukte.
DWH	Data Warehouse der BEKB.
IBIS	Kernbanksystem der BEKB. Dient der Verwaltung von Kundenprodukten.
KBUS	Kredit- und Hypothekenverwaltungssystem der BEKB.
KEMA	Customer Relationship Management (CRM) System der BEKB. Ermöglicht die Protokollierung von Kundenbeziehungen.
OnDemand	Archivsystem der BEKB für Kundendokumente.

Abbildungsverzeichnis

Abbildung 1: Der Beratungskreis der BEKB (BEKB AG, 2018) 7

Abbildung 2: Die fünf verschiedenen Anlagestrategien der BEKB 13

Abbildung 3: Beispiel einer Finanzierungsofferte (BEKB, 2019c) 16

Abbildung 4: Der Chatbot Emma berät einen Kunden nach Ausbildungsende 22

Abbildung 5: Konzeptioneller Chatbot-Systemaufbau 24

Abbildung 6: Digitaler Assistent der PostFinance (PostFinance AG, 2019) 31

Abbildung 7: Abbildung a) zeigt Carl, den Chatbot der App Zak (Scholtysik & Partner AG, o. J.). In Abbildung b) ist ein mögliches Anwendungsbeispiel des Watson Assistant im Bankgeschäft ersichtlich (IBM, 2019) 33

Abbildung 8: Der Sprachassistent in der E-Banking-App der SGKB (Maag, 2019) 34

Abbildung 9: Der Chatbot der CS zeigt den Standort des nächsten Geldautomaten (Credit Suisse AG, 2019) 35

Abbildung 10: Der digitale menschliche Assistent beantwortet Fragen und kann die Stirn runzeln, lächeln sowie seinen Blick auf Personen richten (inside-it.ch, 2018) 37

Abbildung 11: Fin, der abstrakte digitale Assistent der UBS (inside-it.ch, 2018) 37

Abbildung 12: Der Chatbot Casalino von Raiffeisen (Raiffeisen Schweiz, 2019a) 38

Abbildung 13: Einbettung eines funktionsfähigen Werbe-Chatbots (rechts) neben einem thematisch passenden Artikel eines News-Portals (Wayblazer Inc., 2017). 44

Tabellenverzeichnis

Tabelle 1: Zentrale Fragestellungen 2

Tabelle 2: Prozess 4.1.1.3: Partner eröffnen 4

Tabelle 3: Prozess 4.2.1.1.1: Unterlagen bei Partnereröffnungen bearbeiten 5

Tabelle 4: Prozess 4.2.1.1.2: Eröffnung Zeichnungsrechte bearbeiten 6

Tabelle 5: Prozess 4.1.1.2: Akquisitionsgespräch durchführen 7

Tabelle 6: Prozess 6.1.2.1.1.1: Basisprodukt eröffnen 9

Tabelle 7: Prozess 6.1.2.1.2.1: Debitkarte eröffnen 9

Tabelle 8: Prozess 6.1.2.1.2.2: Kredit-/Prepaid-Karte eröffnen (Privatkunden und Private Banking) 10

Tabelle 9: Prozess 6.1.2.1.4.1: Tresorfach eröffnen 11

Tabelle 10: Prozess 7.1.1.1: Anlageberatung durchführen 12

Tabelle 11: Prozess 5.1.1.1: Eigenheimfinanzierung beraten 13

Tabelle 12: Prozess 5.1.2.1: Neue Finanzierung abschliessen 14

Tabelle 13: Tragbarkeitsberechnung anhand eines Beispiels (BEKB, 2019b) 15

Tabelle 14: Prozess 5.2.1.1: Neue Finanzierung verarbeiten (Privatkunden) 17

Tabelle 15: Funktionale Anforderungen der BEKB an einen Chatbot (basierend auf dem Workshop «Next Generation Lab») 21

Tabelle 16: Funktionale Anforderungen der BEKB an einen Chatbot (basierend auf dem Chatbot Emma) 23

Tabelle 17: Nicht funktionale Anforderungen der BEKB an einen Chatbot 27

Tabelle 18: Spezifikationen einer einzelnen Instanz des Chatbot-Systems 28

Tabelle 19: Die verschiedenen Banken-Chatbots im Vergleich (Hervorhebungen: grün sind positive Eigenschaften, rot sind eher negative Eigenschaften, weiss sind neutrale Eigenschaften) 39

Abkürzungsverzeichnis

AHB	Arbeitshandbuch
BEKB	Berner Kantonalbank
KOES	Abteilung Kreditverarbeitung Kompetenzzentrum Eingangs- und Schlusskontrolle
KVNE	Abteilung Kreditverarbeitung Neugeld
KVSR	Abteilung Kreditverarbeitung Services
MGKC	Abteilung Marktgebiet Kundencenter
VAPA	Abteilung Verarbeitung Partner
VAZA	Abteilung Verarbeitung Zahlen
VSB	Vereinbarung über die Standesregeln zur Sorgfaltspflicht der Banken
WIBE	Wirtschaftlich Berechtigte Personen an Vermögenswerten

Anhang

Anhang A: Anlageprofil

BEKB | BCBE

Ihr Anlageprofil

BEKB | BCBE

1. Angaben zur Person

- Name Adrian Mathys
- Jahrgang 1997
- Referenzwährung CHF
- Partner-Nr. 9166529
- Kundenberater Adrian Mathys
- Besprechungsdatum 27.05.2019

So individuell wie jeder Mensch ist, so persönlich sind auch die Ziele und Bedürfnisse, wenn es um Anlagegeschäfte geht. Wertschriftenanlagen sind immer mit **Chancen und Risiken** verbunden. Wählen Sie deshalb die für Sie passende Anlagestrategie, nachdem Sie Klarheit über Ihre Risikofähigkeit und Risikobereitschaft gewonnen haben.

Mit den Resultaten dieses Anlageprofils können wir aufgrund Ihrer Risikofähigkeit und Risikobereitschaft eine auf Ihre Bedürfnisse abgestimmte Anlagestrategie ermitteln. Mit dieser Analyse klären wir ab, wie viel Geld Sie anlegen und binden können, ohne aufgrund von unvorhergesehenen Ereignissen in finanzielle Schwierigkeiten zu geraten **(Risikofähigkeit).** Wesentlich für die Beurteilung der Risikofähigkeit sind unter anderem Angaben zu Ihrer Vermögens- und Einkommenssituation. Zudem möchten wir mit Ihnen besprechen, wie Sie Risiken von Anlagen gegenüber eingestellt sind **(Risikobereitschaft).** Hier geht es um die Abwägung und die Zusammenhänge zwischen Rendite und Risiko. Ihre Erfahrungen als Anleger und Ihre Kenntnisse zu Anlageinstrumenten spielen dabei eine zentrale Rolle.

Vermögensherkunft

Wodurch ist der Grossteil Ihres gesamten Vermögens entstanden?

☐ Ersparnisse aus Einkommen
☐ Auszahlung Vorsorgegelder (Pensionskasse, 3. Säule, Versicherungen)
☐ Erbschaften/Schenkungen
☐ Verkauf Geschäftsanteile
☐ Verkauf Liegenschaft
☐ Kursgewinne an Finanzmärkten
☐ Übriges: ____________________

Berner Kantonalbank AG / Banque Cantonale Bernoise SA 631.041.40 - 1115 - 68764

Anlageprofil / Seite 2

BEKB | BCBE

Vermögensumfang

Wie hoch ist Ihr gesamtes Vermögen (ohne 2. Säule und selbst bewohnte Immobilien)?

☐ Bis CHF 100 000.–
☐ CHF 100 000.– bis CHF 250 000.–
☐ CHF 250 000.– bis CHF 500 000.–
☐ CHF 500 000.– bis CHF 1 000 000.–
☐ Über CHF 1 000 000.–
☐ ____________________

Sofern Sie über Vermögenswerte bei anderen Banken verfügen: Wie ist das Vermögen, das nicht bei der BEKB angelegt ist, investiert?

☐ Geldmarkt/Liquidität
☐ Obligationen/-fonds
☐ Anlagestrategiefonds
☐ Aktien/-fonds
☐ Immobilien als Kapitalanlage
☐ Übriges: ____________________

Bemerkungen (Zusatzinformationen, finanzielle Verpflichtungen etc.): ____________________

____

____

____

____

Berner Kantonalbank AG / Banque Cantonale Bernoise SA 631.041.40 - 1115 - 68764

Anlageprofil / Seite 3

BEKB | BCBE

2. Risikofähigkeit

2.1. Wofür ist das bei der BEKB zu investierende/investierte Vermögen vorgesehen?

- ☐ Finanzierung Lebensunterhalt (5)
- ☐ Altersvorsorge/Sicherheitsreserve (10)
- ☐ Investition (Ausbildung, Immobilien, Firma, Schenkung, Konsum, Auto) (15)
- ☐ Kein konkreter Verwendungszweck (20) ______

2.2. Wie finanzieren Sie Ihren Lebensunterhalt (inkl. Personen, die Sie unterstützen)?

- ☐ Ich finanziere den Lebensunterhalt aus dem Haushaltseinkommen, grösstenteils aber aus dem Vermögen. (5)
- ☐ Ich finanziere den Lebensunterhalt aus dem Haushaltseinkommen und teilweise aus dem Vermögen. (10)
- ☐ Ich finanziere den Lebensunterhalt vollständig aus dem Haushaltseinkommen und spare nichts. (15)
- ☐ Ich finanziere den Lebensunterhalt vollständig aus dem Haushaltseinkommen und spare einen Teil davon. (20) ______

2.3. Wie lange wird das bei der BEKB zu investierende/investierte Vermögen nicht benötigt?

- ☐ < 5 Jahre (5)
- ☐ 5 bis 10 Jahre (10)
- ☐ 10 bis 15 Jahre (15)
- ☐ > 15 Jahre (20) ______

2.4. Wie beurteilen Sie Ihre Einkommensentwicklung über die nächsten fünf Jahre?

- ☐ Rückläufig (5)
- ☐ Gleich bleibend (10)
- ☐ Leicht steigend (15)
- ☐ Deutlich steigend (20) ______

Subtotal 1 ______

Berner Kantonalbank AG / Banque Cantonale Bernoise SA 631.041.40 - 1115 - 68764

Anlageprofil / Seite 4

BEKB | BCBE

3. Risikobereitschaft und -verhalten

3.1. Welche Anlageinstrumente sind Ihnen bekannt?

	Kenntnisse		Transaktionen getätigt (letzte 5 Jahre)		
	Ja	Nein	Ja	Nein	
Geldmarkt/Liquidität (Konten)	☐ (1)	☐	☐ (1)	☐	
Obligationen/-fonds	☐ (2)	☐	☐ (2)	☐	
Anlagestrategiefonds	☐ (2)	☐	☐ (2)	☐	
Aktien/-fonds	☐ (3)	☐	☐ (3)	☐	
Alternative Anlagen (Rohstoffe, Edelmetalle, Immobilien, Hedgefonds)	☐ (3)	☐	☐ (3)	☐	
Derivate (Optionen, Warrants, strukturierte Produkte)	☐ (4)	☐	☐ (4)	☐	
Kumulation Punktzahl	______		______		______

3.2. Wie verhalten Sie sich, wenn der Wert einer kürzlich gekauften Anlage um 20% gesunken ist?

- ☐ Sie verkaufen die gesamte Anlage. (5)
- ☐ Sie verkaufen einen Teil der Anlage. (10)
- ☐ Sie unternehmen nichts und warten ab. (15)
- ☐ Sie investieren zusätzlich in diese Anlage. (20) ______

3.3. Mit zunehmendem Renditepotenzial steigt auch das Verlustrisiko. Welche Position auf dem Gewinn-Verlust-Profil beschreibt Ihr Anlageverhalten am zutreffendsten?

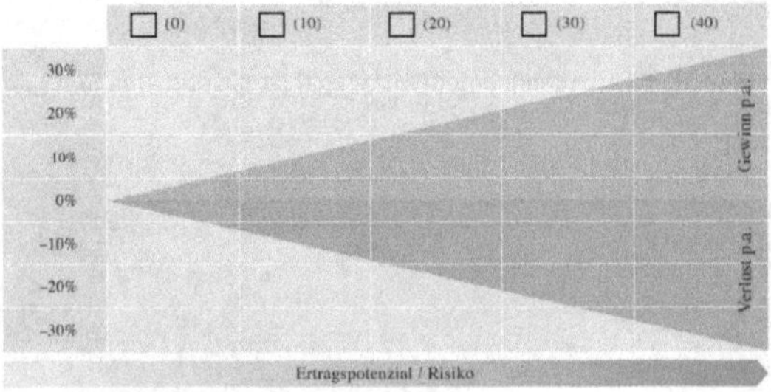

______

Die modellhafte Grafik beruht auf langfristigen Beobachtungen der Finanzmärkte in Bezug auf deren Wertschwankungen und Durchschnittsrenditen. In der Vergangenheit erzielte Renditen sind keine Garantie für die Zukunft.

Subtotal 2 ______

Anlageprofil / Seite 5

Berner Kantonalbank AG / Banque Cantonale Bernoise SA 631.041.40 - 1115 - 68764

BEKB | BCBE

4. Zusammenfassung Anlageprofil

Aufgrund Ihrer Antworten ergibt sich das nachstehende Anlageprofil:

Subtotal 1 Risikofähigkeit	Subtotal 2 Risikobereitschaft	Total
☐	☐	☐

☐ Erde (25–50) ☐ Wasser (51–75) ☐ Luft (76–100) ☐ Energie (101–125) ☐ Feuer (126–170)

	Erde	Wasser	Luft	Energie	Feuer
Durchschnittlicher Aktienanteil	0%	20%	40%	60%	89%
Maximaler Aktienanteil	0%	31%	54%	80%	100%

Ihre Entscheidung

☐ Sie entscheiden sich für das entsprechende Anlageprofil gemäss Profilanalyse.

☐ Sie wählen entgegen dem Ergebnis der Profilanalyse das Anlageprofil:

☐ Erde ☐ Wasser ☐ Luft ☐ Energie ☐ Feuer

Bemerkungen (Begründung Abweichung, allfällige Anlagerestriktionen etc.): ____________

Berner Kantonalbank AG / Banque Cantonale Bernoise SA 631.041.40 - 1115 - 68764

Anlageprofil / Seite 6

BEKB | BCBE

Bei der durchgeführten Analyse handelt es sich um eine Momentaufnahme. Veränderte Rahmenbedingungen können dazu führen, dass die Vermögenszusammensetzung nicht mehr dem ursprünglich gewählten Anlageprofil bzw. der daraus abgeleiteten Anlagestrategie entspricht. Wir bitten Sie deshalb, bei Veränderungen der persönlichen Situation die Bank zu informieren, damit die Anlagestrategie gegebenenfalls angepasst werden kann. Das aktuelle Anlageprofil ersetzt allfällig bereits bestehende. Mit der Unterzeichnung dieses Anlageprofils bestätigen Sie, das Dokument «Preise im Wertschriftengeschäft» erhalten zu haben und anerkennen die darin enthaltenen Preise.

Ort, Datum

Unterschrift(en)

Stempel/Visum Ersteller

Anlageprofil / Seite 7

Berner Kantonalbank AG / Banque Cantonale Bernoise SA 631.041.40 - 1115 - 68764

FSC
www.fsc.org
MIX
Papier | Fördert
gute Waldnutzung
FSC® C083411

Kolibri 360 GmbH
Ferdinand-Jühlke-Straße 7
99095 Erfurt, Deutschland
produktsicherheit@kolibri360.de

Druck:
CPI Druckdienstleistungen GmbH
im Auftrag der
Kolibri 360 GmbH
Ferdinand-Jühlke-Str. 7
99095 Erfurt